KB241267

오매 단풍들것네

원본 金永郎 전집

양 병 호 편저

한국문화사

머리말

초간본 『영랑시집』(1935)이 발간된 이후 삼십여 종의 시집과 전집이 출간되면서 빚어진 영랑시와 산문의 훼손이 심각한 상태에 있음을 알고, 바로잡을 필요성을 절감한 것은 1990년 필자가 박사학위 논문을 준비하는 과정에서였다. 그러나 여러 가지 개인 사정으로 인하여 아쉬움과 미진함만 간직한 채 진전을 보지 못하고 있다가 이번에야 그 결실을 보게 되었다.

의외로 영랑의 시와 산문을 원본으로 구해 읽는 작업은 쉬운 일이 아니었다. 1930-40년대의 각종 잡지와 신문을 찾는 일 뿐만이 아니라, 설령 어렵게 자료를 찾아냈다 하더라도 소장 도서관에서 훼손을 우려해 복사를 해주지 않았으므로 일부는 필사해야만 했다. 또한 가까스로 구한 자료를 사진으로 찍은 다음 현상했으나 활자가 너무 작거나 흐릿해서 돋보기로 섬세하게 확인해야 했던 어려움·행복함이 있었다.

우선 이 책은 1930-40년대의 신문이나 잡지들에 맨처음 수록될 당시의 작품을 원본으로 삼았다. 그리하여 원본을 최대한 존중한다는 점에서 수록될 당시의 오자·탈자를 포함한 맞춤법·띄어쓰기·문장부호 등의 인쇄 상태를 영인 상태에 가깝게 재수록하려고 힘썼다.

그러나 이 책은 아쉽게도 영랑의 산문(앙케이트) 중 「避暑地 巡禮」(『女性』 4권 8호, 1939. 8)와 「내가 私淑한 詩人」(『詩學』 5집, 1940. 1)의 원본을 확인하지 못한 채 제인용히고 말았다. 힌편 그동인 영랑의 시로 일려저 왔던 「琴湖江」(김남석의 『詩精神論』, 현대문학사, 1972)을 게재지 미상과 시적 분위기가 다르다는 점을 들어 영랑의 작품에서 제외하였다. 이러한 견해는 이미 최동호(「한국현대시에 나타난 물의 심상과 의식의 연구」, 고려대 박사논문, 1981)가 피력하였으며, 여러 논자들이 동의한 바 있다. 또 그동안 누락되었던 「한길에 누어」(『朝光』 1940. 5)를 영랑의 시에 새로이 편입시켰다. 이에 대한 지적은 이미 김명인(「영랑 김윤식 연구」, 고려대 석사논문, 1978)이 한 바 있다.

6

이 작업을 수행하면서 여러분들에게 많은 도움을 받았다. 그 중에서도 멀리 미국의 마이애미에 계시는 영랑의 三男 김현철 씨는 「아버지 영랑」이라는 글과 함께 가족의 근황, 그리고 영랑의 사진까지 보내주셨다. 이는 필자에서 말로 할 수 없는 커다란 격려가 되었다. 다시 한번 지면을 통해 감사드린다. 그리고 이 작업이 가능하도록 도움을 준 은사님들, 선학들, 동료들, 후배들, 그리고 김진수 사장을 비롯한 한국문화사 직원들에게 감사드린다.

아무쪼록 이 책이 영랑의 시를 아끼고 사랑하는 모든 분들에게 다정한 벗이 되기를 바라며……

제 스스로의 무게로 단풍지는
1996년 늦가을의 오후
편저자 씀

* * 일러두기 * *

* 이 책은 영랑시집, 영랑산문집, 영랑시 연구논문, 영랑 연구자료집으로 편성되어 있다.

* 영랑시집은 영랑의 시력(詩歷)에 따라 시기별(3기)로 나누었다. 초기는 1930년『詩文學』에서 1935년『永郞詩集』발간 때까지로, 중기는『永郞詩集』 발간 이후인 1939년부터 1940년까지로, 후기는 해방 이후인 1946년부터 1950년까지로 구분하였다. 한편 譯詩를 모아 제1부 말미에 묶어 실었다.

* 작품(시와 산문)의 배열 순서는 발표순에 따랐으며, 발표일자가 동일한 작품은 게재 순서에 따라 배열했다.

* 작품의 표기는 신문이나 잡지에 처음 발표될 당시의 표기를 따랐다. 오자와 오식으로 보이는 것이나 잘못된 띄어쓰기일지라도 모두 원본을 존중한다는 의미에서 그대로 두었다. 한편 영랑 생전에 출판된 두 시집인『永郞詩集』(시문학사, 1935)과『永郞詩選』(중앙문화사, 1949)에 재록되면서 달라진 표기가 있어 참고 작품으로 같이 실었다.

* 『永郞詩集』과『永郞詩選』에 실린 작품의 번호는 당시의 것을 그대로 따랐다.

차 례

머리말
일러두기

제 1 부   영랑시집

1. 초기시

2. 중기시

3. 후기시

4. 번역시

제 2 부   영랑산문집

1. 수필

2. 앙케이트 응답 및 서간

제 3 부   영랑시 연구논문

제 4 부   영랑 연구 자료집

제 1 부 영랑시집

1. 초기시: 1930-1935

동백닙에빗나는마음

내마음의 어뒨듯 한편에 끗업는 강물이 흐르내
도처오르는 아츰날빗이 빤질한 은결을 도도내
가슴엔듯 눈엔듯 쏘피ㅅ줄엔듯
마음이 도른도른 숨어잇는곳
내마음의 어뒨듯 한편에 끗업는 강물이 흐르내

(『詩文學』1호, 1930. 3)

1

내마음의 어뒨듯 한편에 끗업는
　강물이 흐르네
도처오르는 아츰날빗이 빤질한
　은결을 도도네
가슴엔듯 눈엔듯 또 피ㅅ줄엔듯
마음이 도른도른 숨어잇는곳
내마음의 어뒨듯 한편에 끗업는
　강물이 흐르네

(『永郎詩集』1935. 11)

15. 끝없는 강물이 흐르네

내마음의 어뒨듯 한편에 끝없는
　강물이 흐르네

도처오르는 아침날빛이 뻔질한
　은결을 도도네
가슴엔듯 눈엔듯 또 피ㅅ줄엔듯
마음이 도른도른 숨어있는곳
내마음의 어뒨듯 한편에 끝없는
　강물이 흐르네

(『永郎詩選』1949. 10)

어덕에 바로누어

어덕에 바로누어
아슬한 푸른하날 쯧업시 바래다가
나는 이젓습내 눈물도는 노래를
그하날 아슬하야 너무도 아슬하야

이몸이 서러운줄 미리서 아랏거니
마음의 가는우슴 한째라도 업드라냐
아슬한 하날아래 귀여운맘 질기운맘
내눈은 감기엿대 감기엿대

(『詩文學』1호, 1930. 3)

3

어덕에 바로누어
아슬한 푸른하날 뜻업시 바래다가
나는 이젓습네 눈물도는 노래를
그하날 아슬하야 너무도 아슬하야

이몸이 서러운줄 어덕이야 아시련만
마음의 가는우슴 한째라도 업드라냐
아슬한 하날아래 귀여운맘 질기운맘
내눈은 감기엿대 감기엿대

(『永郞詩集』1935. 11)

2. 어덕에 바로누어

어덕에 바로 누어
아슬한 푸른하늘 뜻없이 바래다가
나는 이졌읍네 눈물 도는 노래를
그하늘 아슬하야 너무도 아슬하야

이몸이 서러운줄 어덕이야 아시련만
마음의 가는웃음 한때라도 없드라냐
아슬한 하늘아래 귀여운맘 질기운맘
내눈은 감기엿데 감기엿데

(『永郎詩選』 1949. 10)

누이의마음아 나를보아라

「오-매 단풍들것내」
장광에 골붉은 감닙 날러오아
누이는 놀란듯이 치어다보며
「오-매 단풍들것내」

추석이 내일모래 기둘니리
바람이 자지어서 걱정이리
누이의 마음아 나를보아라
「오-매 단풍들것내」

(『詩文學』1호, 1930. 3)

5

「오-매 단풍들것네」
장광에 골붉은 감닙 날러오아
누이는 놀란듯이 치어다보며
「오-매 단풍들것네」

추석이 내일모레 기둘니리
바람이 자지어서 걱정이리
누이의 마음아 나를보아라
「오-매 단풍들것네」

(『永郎詩集』1935. 11)

18. 오-매 단풍 들것네

「오-매 단풍들것네」
장ㅅ광에 골붉은 감닢 날러오아
누이는 놀란듯이 치어다보며
「오-매 단풍 들것네」

추석이 내일모레 기둘니리
바람이 자지어서 걱정이리
누이의 마음아 나를보아라
「오-매 단풍 들것네」

(『永郎詩選』1949. 10)

뵈지도 안는 입김의 가는 실마리
새파란 하날ᄯ테 오름과가치
대숩의 숨은마음 기혀 차즈려
삶은 오로지 바늘ᄭᅩ가치
              (『詩文學』1호, 1930. 3)

25

뵈지도 안는 입김의 가는실마리
새파란 하날끝에 오름과 가치
대숲의 숨은마음 기혀 차즈려
삶은 오로지 바늘끝 가치
              (『永郎詩集』1935. 11)

42

뵈지도 안는 입김의 가는실마리
새파란 하늘끝에 오름과 같이
대숲의 숨은마음 긔혀 찾으려
삶은 오로지 바늘끗 같이
              (『永郎詩選』1949. 10)

님두시고 가는길의 애믇한 마음이여
한숨쉬면 꺼질듯한 조매로운 쑴길이여
이밤은 캄캄한 어느뉘 시골인가
이슬가치 고인눈물 손쓰트로 쌔치나니

(『詩文學』1호, 1930. 3)

10

님두시고 가는길의 애끈한 마음이여
한숨쉬면 꺼질듯한 조매로운 꿈길이여
이밤은 캄캄한 어느뉘 시골인가
이슬가치 고힌눈물을 손꿋으로 깨치나니

(『永郎詩集』1935. 11)

30

님두시고 가는길의 애끈한 마음이여
한숨쉬면 꺼질듯한 조매로운 꿈길이여
이밤은 캄캄한 어느뉘 시골인가
이슬같이 고흰눈물을 손끝으로 깨치나니

(『永郎詩選』1949. 10)

문허진 성터에 바람이 세나니
가을은 쓸쓸한 맛 뿐이구려
횟굿횟굿 산국화 나붓기면서
가을은 애닲다 소색이느뇨

(『詩文學』 1호, 1930. 3)

17

문허진 성터에 바람이 세나니
가을은 쓸쓸한 맛 뿐이구려
히끝히끝 산국화 나붓기면서
가을은 애닲다 소색이느뇨

(『永郞詩集』 1935. 11)

37

문허진 성터에 바람이 세나니
가을은 쓸쓸한 맛 뿐이구려
희끗 희끗 산국화 나붓기면서
가을은 애닲다 소색이느뇨

(『永郞詩選』 1949. 10)

저녁째 저녁째 외로운마음
붓잡지 못하야 거러다님을
누구라 부러주신 바람이기로
눈물을 눈물을 빼아서가오

(『詩文學』1호, 1930. 3)

16

저녁때 저녁때 외로운 마음
붓잡지 못하야 거러다님을
누구라 부러주신 바람이기로
눈물을 눈물을 빼아서가오

(『永郎詩集』1935. 11)

36

저녁때 저녁때 외로운 마음
붙잡지 못하야 거러다님을
누구라 부러주신 바람이기로
눈물을 눈물을 빼아서가오

(『永郎詩選』1949. 10)

풀우에 매저지는 이슬을본다
눈섭에 아롱지는 눈물을본다
풀우엔 정기가 꿈가치 흐르고
가삼은 간곡히 입을 버린다
(『詩文學』1호, 1930. 3)

12

풀우에 매져지는 이슬을 본다
눈섭에 아롱지는 눈물을 본다
풀우엔 정긔가 꿈가치 오르고
가삼은 간곡히 입을 버린다
(『永郎詩集』1935. 11)

32

풀우에 맺어지는 이슬을 본다
눈섭에 아롱지는 눈물을 본다
풀우엔 정긔가 꿈같이 오르고
가슴은 간곡히 입을 버린다
(『永郎詩選』1949. 10)

푸른 향물 흘러버린 어덕우에
내마음 하루사리 나래로다
보실 보실 가을눈이 나래를 치며
허공의 소색임을 드르라한다

      (『詩文學』1호, 1930. 3)

34

푸른향물 흘러버린 어덕우에
내마음 하루사리 나래로다
보실보실 가을눈(眼)이 그나래를 치며
허공의 소색임을 드르라 한다

      (『永郎詩集』1935. 11)

54

푸른향물 흘러버린 어덕우에
내마음 하루사리 나래로다
보실 보실 가을눈이 그나래를 치며
허공의 소색임을 드르라한다

      (『永郎詩選』1949. 10)

좁은길가에 무덤이 하나
이슬에 저지우며 밤을 새인다
나는 사라저 저별이 되오리
뫼아페 누어서 희미한별을

　　　　　　　　（『詩文學』1호, 1930. 3)

13

좁은길가에 무덤이 하나
이슬에 저지우며 밤을 새인다
나는 사라져 저별이 되오리
뫼아래 누어서 희미한 별을

　　　　　　　　（『永郎詩集』1935. 11)

33

좁은 길ㅅ가에 무덤이 하나
이슬에 저지우며 밤을 새인다
나는 사라져 저별이 되오리
뫼아레 누어서 희미한 별을

　　　　　　　　（『永郎詩選』1949. 10)

除 夜

제운밤 촛불이 찌르르 녹어버린다
못견듸게 묵어운 어느별이 쩌러지는가

어둑한 골목골목에 수심은 쩠다 가란젓다
제운밤 이한밤이 모질기도 하온가

히부안 조이등불 수집은 거름거리
샘물 정히 쩌붓는 안쓰러운 마음결

한해라 기리운정을 못고 싸어 흰그릇에
그대는 이밤이라 맑으라 비사이다

(『詩文學』1호, 1930. 3)

38

제운밤 촛불이 찌르르 녹어버린다
못견듸게 묵어운 어느별이 쩌러지는가

어둑한 골목골목에 수심은 쩠다 가란젓다
제운맘 이한밤이 모질기도 하온가

히부안 조히등불 수집은 거름거리
샘물 정히 쩌붓는 안쓰러운 마음결

한해라 기리운정을 몰고싸어 힌그릇에
그대는 이밤이라 맑으라 비사이다 (除夜)

(『永郎詩集』 1935. 11)

25. 除 夜

제운밤 촛불이 찌르르 녹어버린다
못견듸게 묵어운 어느별이 떠러지는가

어둑한 골목골목에 수심은 떴다 가란졌다
제운맘 이한밤이 모질기도 하온가

히부얀 조히등불 수집은 거름거리
샘물 정히 떠붓는 안쓰러운 마음결

한해라 긔리운 정을 몰고싸어 흰그릇에
그대는 이밤이라 맑으라 비사이다

(『永郎詩選』 1949. 10)

쓸 슬 한 뫼 아 페

쓸쓸한 뫼아페 후젓이 안즈면
마음은 갈안즌 양금줄가치
무덤의 잔듸에 얼골을 부비면
넉시는 행맑은 女玉像가치
산골로 가노라 산골로 가노라
무덤이 그리워 산골로 가노라

(『詩文學』 1호, 1930. 3)

8

쓸쓸한 뫼아페 후젓이 안즈면
마음은 갈안즌 양금줄 가치
무덤의 잔듸에 얼골을 부비면
넉시는 향맑은 구슬손 가치
　산골로 가노라 산골로 가노라
　무덤이 그리워 산골로 가노라

(『永郎詩集』 1935. 11)

17. 쓸쓸한 뫼앞에

쓸쓸한 뫼앞에 후젓히 앉으면
마음은 갈앉은 양금줄 같이
무덤의 잔듸에 얼굴을 부비면

넉시는 향맑은 구슬손 같이
산ㅅ골로 가노라 산ㅅ골로 가노라
무덤이 그리워 산ㅅ골로 가노라

(『永郎詩集』 1935. 11)

원 망

「바람이 부는대로 차자가오리」
홀린듯 기약하신 님이시기로
행여나! 행여나! 귀를 종금이
어리석다 하심은 너무로구려
　문풍지 서름에 몸이 저리어
　내리는 한박눈 가슴 해여저
　헛보람! 헛보람! 몰랏스료만
　날다려 어리석단 너무로구려

(『詩文學』1호, 1930. 3)

6

「바람이 부는대로 차자가오리」
홀린듯 긔약하신 님이시기로
행여나! 행여나! 귀를종금이
어리석다 하심은 너무로구려

문풍지 서름에 몸이 저리어
내리는 한박눈 가슴 해여저
헛보람! 헛보람! 몰랏스료만
날다려 어리석단 너무로구려

(『永郎詩集』 1935. 11)

26. 한박눈

바람이 부는대로 차저가오리
홀린듯 기약하신 님이시기로
행여나! 행여나! 귀를종금이
어리석다 하심은 너무로구려

문풍지 서름에 몸이 저리어
내리는 한박눈 가슴 해여저
헛보람! 헛보람! 몰랐으료만
날다려 어리석단 너무로구려

                    (『永郎詩選』 1949. 10)

내마음고요히고흔봄길우에

돌담에 소색이는 햇발가치
풀아래 우슴짓는 샘물가치
내마음 고요히 고흔봄 길우에
오날하로 하날을 우러르고십다.

새악시볼에 떠오는 붓그럼가치
詩의가슴을 살프시 젓는 물결가치
보드레한 에메랄드 얄게 흐르는
실비단 하날을 바라보고십다

(『詩文學』 2호, 1930. 5)

2

돌담에 소색이는 햇발가치
풀아래 우슴짓는 샘물가치
내마음 고요히 고흔봄 길우에
오날하로 하날을 우러르고십다

새악시볼에 떠오는 붓그럼가치
詩의가슴을 살프시 젓는 물결가치
보드레한 에메랄드 얄게 흐르는
실비단 하날을 바라보고십다

(『永郎詩集』 1935. 11)

2. 돌담에 소색이는 햇발

돌담에 소색이는 햇발같이
풀아래 웃음짓는 샘물같이
내마음 고요히 고흔봄 길우에
오날하로 하날을 우러르고싶다

새악시 볼에 떠오는 부끄럼같이
詩의가슴을 살프시 젖는 물결같이
보드레한 에메랄드 얇게 흐르는
실비단 하날을 바라보고싶다

　　　　　　　(『永郞詩選』1949. 10)

꿈바테 봄마음

꿈바테 봄마음 가고가고 또간다
구버진 돌담을 도라서 도라서
달이 흐른다 놀이 흐른다
하이얀 그림자 그림자
은실을 즈르르 모라서

(『詩文學』 2호, 1930. 5)

* 이 작품은 처음 『詩文學』 2호에 발표되었으나, 『詩文學』 3호에 정
정공고를 내어 다음과 같이 개작하였다.

꿈바테 봄마음

구버전 돌담을 도라서 도라서
달이흐른다 놀이흐른다
하이얀 그림자
은실을 모라서 모라서
꿈밭에 봄마음 가고 가고또간다

(『詩文學』 3호, 1931. 10)

9

구비진 돌담을 도라서 도라서
달이 흐른다 놀이 흐른다

하이얀 그림자
은실을 즈르르 모라서
꿈밭에 봄마음 가고가고 또간다
              (『永郎詩集』 1935. 11)

6. 꿈밭에 봄마음

구버진 돌담을 도라서 도라서
달이 흐른다 놀이 흐른다
하이얀 그림자
은실을 즈르르 모라서
꿈밭에 봄마음 가고가고 또간다
              (『永郎詩選』 1949. 10)

허리띄 매는 시악시 마음실가치
꼿가지에 으느ㄴ한 그늘이 지면
흰날의 내가슴 아지랑이 낀다
흰날의 내가슴 아지랑이 낀다

          (『詩文學』 2호, 1930. 5)

11

허리띄 매는 시악시 마음실가치
꼿가지에 으는한 그늘이 지면
힌날의 내가슴 아즈랑이 낀다
힌날의 내가슴 아즈랑이 낀다

          (『永郎詩集』 1935. 11)

31

허리띄 매는 시악시 마음실같이
꽃가지에 은은한 그늘이 지면
흰날의 내가슴 아즈랑이 낀다
흰날의 내가슴 아즈랑이 낀다

          (『永郎詩選』 1949. 10)

못오실 님이 그리웁기로
흐터진 꼿닙이 슬프렛든가
뷘손 쥐고 오신봄이 거저나 가시련만
흘러가는 눈물이면 님의마음 저지련만
          (『詩文學』 2호, 1930. 5)

* 이 작품은 『詩文學』 2호에 발표되었으나 『永郎詩集』(1935)과 『永
郎詩選』(1949)에는 수록되지 않았다.

다정히도 부러오는 바람이길래
내숨결 가부엽거 실어 보냇지
하날끗을 스치고 휘도는 바람
어이면 한숨만 모라다 주오

　　　　　　　(『詩文學』 2호, 1930. 5)

22

다정히도 부러오는 바람이길내
내숨결 가부엽게 실어보냇지
하날갓을 스치고 휘도는 바람
어이면 한숨만 모라다 주오

　　　　　　　(『永郎詩集』 1935. 11)

41

다정히도 부러오는 바람이길내
내숨결 가부엽게 실어보냈오
하늘갓을 스치고 휘도는 바람
어이면 한숨만 모라다 주오

　　　　　　　(『永郎詩選』 1949. 10)

향내 업다고 버리실나면
내목숨 꺽지나 마르시오
외로운 들꽃은 들가에 시드러
철업는 그이의 발끄테 조을걸
(『詩文學』 2호, 1930. 5)

32

향내 업다고 버리실나면
내목숨 꺽지나 마르시오
외로운 들꽃은 들가에 시들어
철업는 그이의 발끝에 조을걸
(『永郎詩集』 1935. 11)

49

향내 없다고 버리실나면
내목숨 꺽지나 마르시오
외로운 들꽃은 들가에 시들어
철없는 그이의 발끝에 조을걸
(『永郎詩選』 1949. 10)

어덕에 누어 바다를 보면
빗나는 잔물결 헤일수 업지만
눈만 감으면 떠오는 얼골
뵈올적마다 꼭한분이구려

(『詩文學』 2호, 1930. 5)

33

어덕에 누어 바다를 보면
빛나는 잔물결 헤일수 업지만
눈만 감으면 떠오는 얼골
뵈올적마다 꼭 한분이구려

(『永郞詩集』 1935. 11)

50

어덕에 누어 바다를 보면
빛나는 잔물결 헤일수없지만
눈만 감으면 떠오는 얼굴
뵈올적 마다 꼭 한분이구려

(『永郞詩選』 1949. 10)

가늘한 내음

내가슴속에 가늘한 내음
앳근히 떠도는 내음
저녁해   고요히 지는제
머ㄴ山 허리에 슬리는 보랏빗

오! 그수심뜬 보랏빗
내가 일흔 마음의 그림자
한이틀 정녈에 뚝뚝 떠러진 모란의
깃든 향취가 이가슴노코 갓슬줄이야

얼결에 여흰봄 흐르는 마음
헛되이 차즈랴 허덕이는날
뻘우에 철석 갯물이 노이듯
얼컥 니―는 훗근한 내음

아! 훗근한 내음 내키다마는
서어한 가슴에 그늘이 도나니
수심뜨고 앳근하고 고요하기
山허리에 슬리는 저녁 보랏빗

　　　　　　　(『詩文學』2호, 1930. 5)

　　42

내가슴속에 가늘한 내음

애끈히 떠도는 내음
저녁해 고요히 지는제
머ㄴ山 허리에 슬리는 보랏빛

오! 그수심뜬 보랏빛
내가 일혼 마음의 그림자
한이틀 정녈에 뚝뚝 떠러진 모란의
깃든 향취가 이가슴노코 갓슬줄이야

얼결에 여흰봄 흐르는 마음
헛되이 차즈랴 허덕이는날
뻘우에 철석 개ㅅ물이 노이듯
얼컥 니-는 훗근한 내음

아! 훗근한 내음 내키다마는
서어한 가슴에 그늘이 도나니
수심뜨고 애끈하고 고요하기
山허리에 슬니는 저녁 보랏빛

(『永郎詩集』 1935. 11)

1. 가늘한 내음

내가슴 속에 가늘한 내음
애끈히 떠도는 내음
저녁해 고요히 지는제
머ㄴ山 허리에 슬리는 보랏빛

오! 그수심뜬 보랏빛
내가 잃은 마음의 그 림 자
한이틀 정렬에 뚝뚝 떠러진 모란의
깃든 향취가 이가슴 놓고 갔을줄이야

얼결에 여흰봄 흐르는 마음
헛되히 찾으려 허덕이는 날
뻘우에 철-석 개ㅅ물이 노히듯
얼컥 니-는 훗근한 내음

아! 훗근한 내음 내키다 마-는
서어한 가슴에 그늘이 도-나니
수심뜨고 애끈하고 고요하기
山허리에 슬리는 저녁 보랏빛

　　　　　　(『永郎詩選』 1949. 10)

하날가ㅅ다은데

사람의 온꿈이 모조리 실리여간
하날갓 닷는데 깃븜이 사신가

고요히 사라지는 구름을 바래자
헛되나 마음가는 그곳 뿐이라

눈물을 삼키며 깃븜을 찾노란다
허공은 저리도 한업시 푸르름을

업듸여 눈물로 따우에 색이자
하날갓 닷는데 깃븜이 사신다

(『詩文學』 2호, 1930. 5)

39

내옛날 온꿈이 모조리 실리어간
하날갓 닷는데 깃븜이 사신가

고요히 사라지는 구름을 바래자
헛되나 마음가는 그곳 뿐이라

눈물을 삼키며 깃븜을 찾노란다
허공은 저리도 한업시 푸르름을

업듸여 눈물로 따우에 색이자
하날갓 닷는데 깃븜이 사신다
　　　　　(『永郎詩集』1935. 11)

22. 내옛날 온 꿈이

내옛날 온꿈이 모조리 실리어간
하늘갓 닷는데 기쁨이 사신가

고요히 사라지는 구름을 바래자
헛되나 마음가는 그곳 뿐이라

눈물을 삼키며 기쁨을 찾노란다
허공은 저리도 한없이 프르름을

업듸어 눈물로 따우에 색이자
하늘갓 닷는데 기쁨이 사신다
　　　　　(『永郎詩選』1949. 10)

내마음을아살이

내마음을 아실이
내혼자ㅅ마음 날가치 아실이
그래도 어데나 게실것이면

내마음에 때때로 어리우는 티끌과
소김업는 눈물의 간곡한 방울방울
푸른밤 고히맺는 이슬가튼 보람을
보밴듯 감추엇다 내여드리지

아! 그립다
내혼자ㅅ마음 날가치 아실이
꿈에나 아득히 보이는가

행말근 玉돌에 불이 다러
사랑은 타기도 하오런만
불비테 연긴듯 히미론 마음은
사랑도 모르리 내혼자ㅅ마음은

(『詩文學』 3호, 1931. 10)

43

내마음을 아실이
내혼자ㅅ마음 날가치 아실이
그래도 어데나 게실것이면

내마음에 때때로 어리우는 티끌과
속임업는 눈물의 간곡한 방울방울
푸른밤 고히맺는 이슬가튼 보람을
보밴듯 감추엇다 내여드리지

아! 그립다
내혼자ㅅ마음 날가치 아실이
꿈에나 아득히 보이는가

향맑은 옥돌에 불이달어
사랑은 타기도 하오런만
불빛에 연긴듯 희미론 마음은
사랑도 모르리 내혼자ㅅ마음은
                    (『永郎詩集』 1935. 11)

11. 내마음을 아실이

내마음을 아실 이
내혼자마음 날같이 아실 이
그래도 어데나 게실것이면

내마음에 때때로 어리우는 티끌과
속임없는 눈물의 간곡한 방울방울
푸른밤 고히맺는 이슬같은 보람을
보밴듯 감추었다 내여드리지

아! 그립다

내혼자마음 날같이 아실 이
꿈에나 아득히 보이는가

향맑은 옥돌에 불이달어
사랑은 타기도 하오런만
불빛에 연긴듯 히미론 마음은
사랑도 모르리 내혼자마음은

(『永郎詩選』 1949. 10)

밤ㅅ사람 그립고야
말업시 거러가는 밤사람 그립고야
보름너믄 달그리매 마음아이 서어로아
오랜밤을 나도혼자 밤ㅅ사람 그립고야

　　　　　　　　(『詩文學』 3호, 1931. 10)

14

밤ㅅ사람 그립고야
말업시 거러가는 밤ㅅ사람 그립고야
보름넘은 달그리매 마음아이 서어로아
오랜밤을 나도혼자 밤ㅅ사람 그립고야

　　　　　　　　(『永郎詩集』 1935. 11)

34

밤ㅅ사람 그립고야
말없이 거러가는 밤ㅅ사람 그립고야
보름넘은 달그리매 마음아이 서어로아
오랜밤을 나도혼자 밤ㅅ사람 그립고야

　　　　　　　　(『永郎詩選』 1949. 10)

눈물속빗나는 보람과 우슴속 어둔 슬픔은
오직 가을하날에 쩌도는 구름!
다만 후젓하고 줄데업는 마음만 예나 이제나
외론밤 바람슷긴 찬별을 보랏습니다

(『詩文學』 3호, 1931. 10)

28

눈물속 빛나는보람과 우슴속 어둔슬픔은
오직 가을하날에 떠도는 구름
다만 후젓하고 줄대업는마음만 예나이제나
외론밤 바람슷긴 찬별을 보랏습니다

(『永郎詩集』 1935. 11)

45

눈물속 빛나는보람과 웃음속 어둔슬픔은
오직 가을 하늘에 떠도는 구름
다만 후졌하고 줄대없는 마음만 예나이제나
외론밤 바람슷긴 찬 별을 보랐읍니다

(『永郎詩選』 1949. 10)

빈 포케트에 손찌르고 폴·예를레-느 찾는날
왼몸은 흐렁흐렁 눈물도 찌끔 나누나
오! 비가 이리 쓸쓸쓸 나리는 날은
서런 소리 한千마대 썼스면 시퍼라

　　　　　　　　　(『詩文學』3호, 1931. 10)

30

빈 포케트에 손찌르고 폴·예를레-느 찾는날
왼몸은 흐렁흐렁 눈물도 찟금 나누나
오! 비가 이리 쭐쭐쭐 나리는 날은
서른소리 한千마대 썼스면 시퍼라

　　　　　　　　　(『永郎詩集』1935. 11)

48

빈 포케트에 손찌르고 폴·베르레느 찾는날
왼몸은 흐렁흐렁 눈물도 찟끔 했노라
오! 비가 이리 쭐쭐쭐 나리는 날은
서른소리 한 千마대 외었으면 싶어라

　　　　　　　　　(『永郎詩選』1949. 10)

바람에 나붓기는 깔닢
여을에 히롱하는 깔닢
알만 모를만 숨쉬고 눈물매즌
내 청춘의 어느날 서러운 손짓이여
　　　　　　　（『詩文學』3호, 1931. 10）

20

바람에 나붓기는 깔닙
여을에 희롱하는 깔닙
알만 모를만 숨쉬고 눈물매즌
내 청춘의 어느날 서러운 손ㅅ짓이여
　　　　　　　（『永郎詩集』 1935. 11）

51

바람에 나붓기는 깔닢
여을에 희롱하는 깔닢
알만 모를만 숨쉬고 눈물맺은
내 청춘의 어느날 서러운 손ㅅ짓이여
　　　　　　　（『永郎詩選』 1949. 10）

뻘은 가슴을 훤이 벗고
개풀 수지버 고개수기네
한낮에 배란놈이 저가슴 만젓고나
뻘건 맨발로는 나도 작고 간지럽고나

(『詩文學』 3호, 1931. 10)

21

뻘은 가슴을 훤히 벗고
개풀 수집어 고개숙이네
한낮에 배란놈이 저가슴 만젓고나
뻘건 맨발로는 나도작고 간지럽고나

(『永郞詩集』 1935. 11)

52

뻘은 가슴을 훤히 벗고
개풀 수집어 고개 숙이네
한낮에 배란놈이 저가슴 만졌고나
뻘건 맨발로는 나도 작고 간지럽고나

(『永郞詩選』 1949. 10)

시내ㅅ물소리

바람따라 가지오고 머러지는 물소리
아조 바람가치 쉬는적도 잇섯스면
흐름도 가득찰랑 흐르다가
더러는 그림가치 머물럿다 흘러보지
밤도 山골 쓸쓸하이 이한밤 쉬여가지
어느뉘 꿈에든셈 소리업든 못할소냐
흰구름 발아래 피어나는 上八潭
玉皇의 오랜서름 사모친 꿈이라니

새벽 잠ㅅ결에 언듯 들리여
내 무건머리 선듯 싯기우느니
黃金소반에 구슬이 굴럿다
오 그립고 향미론소리야
물아 거기좀 멈췃스라 나는그윽히
저창공의 銀河萬年을 헤아려보노니

(『詩文學』 3호, 1931. 10)

44

바람따라 가지오고 머러지는 물소리
아조 바람가치 쉬는적도 잇섯스면
흐름도 가득찰랑 흐르다가
더러는 그림가치 머물럿다 흘러보지
밤도 山골 쓸쓸하이 이한밤 쉬여가지

어느뉘 꿈에든셈 소리업든 못할소냐

새벽 잠ㅅ결에 언듯 들리여
내 무건머리 선듯 싯기우느니
황금소반에 구슬이 굴럿다
오 그립고 향미론 소리야
물아 거기좀 멈췄스라 나는그윽히
저창공의 銀河萬年을 헤아려보노니

(『永郞詩集』 1935. 11)

그밖에 더 아실이 안게실거나
그이의 젖은 옷깃 눈물이라고
빛나는 별아래 애달븐 입김이
이슬로 매치고 매치엿음을
　　　　　　　　　(『文學』1호, 1934. 1)

24

그밧게 더아실이 안게실거나
그이의 저진옷깃 눈물이라고
빛나는 별아래 애닮은 입김이
이슬로 매치고 매치엿슴을
　　　　　　　　　(『永郎詩集』1935. 11)

47

그밖에 더아실이 안 게실거나
그이의 젖인옷깃 눈물이라고
빛나는 별아래 애닮은 입김이
이슬로 매지고 매치였음을
　　　　　　　　　(『永郎詩選』1949. 10)

밤이면 고총아래 고개숙이고
낮이면 하날보고 웃음 좀 웃고
너룬 들 쓸쓸하야 외론 할미꽃
아모도 몰래지는 새벽 지친별
                    (『文學』1호, 1934. 1)

29

밤이면 고총아래 고개 숙이고
낮이면 하날보고 우슴 좀 웃고
너룬 들 쓸쓸하야 외론 할미꽃
아모도 몰래 지는 새벽 지친별
                    (『永郞詩集』1935. 11)

46

밤이면 고총아래 고게 숙이고
낮이면 하늘보고 웃음 좀 웃고
너룬 들 쓸쓸하야 외론할미꽃
아모도 몰래 지는 새벽 지친별
                    (『永郞詩選』1949. 10)

저곡조만 마조 호동글 사라지면
목속의 구슬을 물속에 버리려니
해와가치 떳다지는 구름속 종달은
내일또 새론섬 새구슬 먹음고오리

(『文學』 1호, 1934. 1)

31

저 곡조만 마조 호동글 사라지면
목속의 구슬을 물속에 버리려니
해와가치 떳다지는 구름속 종달은
내일 또 새론 섬 새구슬 먹음고오리

(『永郎詩集』 1935. 11)

53

저 곡조만 마조 호동글 사라지면
목속의 구슬을 물속에 버리려니
해와같이 떳다지는 구름속 종달은
새날 또 새론섬 새구슬 먹음고오리

(『永郎詩選』 1949. 10)

山골을 노리터로 커난 새악시
가슴속은 구슬가치 맑으련만은
바라뵈는 먼곳이 그리움인지
동우인채 山길에 섯기도하네
　　　　　(『文學』1호, 1934. 1)

18

산ㅅ골을 노리터로 커난시악시
가슴속은 구슬가치 맑으련마는
바라뵈는 먼곳이 그리움인지
동우인채 山길에 섯기도하네
　　　　　(『永郎詩集』1935. 11)

38

산ㅅ골을 노리터로 커난시악시
가슴속은 구슬같이 맑으련만은
바라뵈는 먼곳이 그리움인지
동우인채 山길에 섯기도하네
　　　　　(『永郎詩選』1949. 10)

사랑은 깊으기 푸른 하날
맹세는 가볍기 힌 구름쪽
그 구름 사라진다 서럽지는 않으나
그 하날 큰 조화 못믿지는 않으나

(『文學』1호, 1934. 1)

26

사랑은 기프기 푸른하날
맹세는 가볍기 힌구름쪽
그구름 사라진다 서럽지는 안으나
그하날 큰조화 못믿지는 안으나

(『永郎詩集』1935. 11)

빠른 철로에 조는 손님아
이 시골 이 정거장 행여 잊을나
한가하고 그립고 쓸쓸한 시골사람의
드나드는 이 정거장 행여 잊을나

　　　　　(『文學』1호, 1934. 1)

35

빠른 철로에 조는 손님아
이시골 이덩거장 행여 이즐나
한가하고 그립고 쓸쓸한 시골사람의
드나드는 이덩거장 행여 이즐나

　　　　　(『永郎詩集』1935. 11)

모란이 피기까지는

모란이 피기까지는
나는 아즉 나의봄을 기둘니고 잇슬테요
모란이 뚝뚝 떠러져버린날
나는 비로소 봄을여흰서름에 잠길테요
五月어느날 그하로 무덥든날
떠러져누은 꼿닢마져 시드러버리고는
천디에 모란은 자최도없어지고
뻐처오르든 내보람 서운케 문허졌느니
모란이 지고말면그뿐 내 한해는 다가고말아
三百예순날 하냥 섭섭해 우옵내다.
모란이 피기까지는
나는 아즉 기둘니고잇슬테요 찰난한슬픔의 봄을

(『文學』2호, 1934. 2)

45

모란이 피기까지는
나는 아즉 나의봄을 기둘리고 잇슬테요
모란이 뚝뚝 떠러져버린날
나는 비로소 봄을여흰 서름에 잠길테요
五月어느날 그하로 무덥든날
떠러져누은 꼿닙마져 시드러버리고는
천지에 모란은 자최도 업서지고
뻐처오르든 내보람 서운케 문허졌느니

모란이 지고말면 그뿐 내 한해는 다 가고말아
三百예순날 하냥 섭섭해 우옵내다
모란이 피기까지는
나는 아즉 기둘리고잇슬테요 찰란한슬픔의 봄을

(『永郞詩集』 1935. 11)

3. 모란이 피기까지는

모란이 피기까지는
나는 아즉 나의봄을 기둘리고 있을테요
모란이 뚝뚝 떠러져버린날
나는 비로소 봄을여흰 서름에 잠길테요
五月어느날 그하로 무덥든 날
떠러져 누은 꽃닢마져 시드러버리고는
천지에 모란은 자최도 없어지고
뻐처오르든 내보람 서운케 문허졌느니
모란이 지고말면 그뿐 내 한해는 다 가고말아
三百예순날 한양 섭섭해 우옵내다
모란이 피기까지는
나는 아즉 기둘리고있을테요 찰란한슬픔의 봄을

(『永郞詩選』 1949. 10)

佛 地 菴 抒 情

그밤 가득한山정긔는 기척없이숫은 하얀달빛에 모다쓸리우고
한낮을 향미로우라 울리든 시내ㅅ물소리마져 멀고그윽하야
衆香의맑은돌에 맺은 금이슬 구을러흐르듯
아담한 꿈하나 여승의 호젓한품을 애끓이 사라젓느니

千年옛날 쫓기여간 新羅의아들이냐 그빛은 청초한 수미山나리꽃
정녕 지름길 섯드른 흰옷입은 고흔小年이
흡사 그바다에서 이바다로 고요히 떠러지는 별ㅅ살같이
옆山모롱이에 언듯 나타나 앞골시내로 삽분 사라지심

승은 아까워 못견듸는냥 희미해지는 꿈만 뒤쫓앗으나
끝없는지라 돌여 밝는날의 남모를 귀한보람을 품엇을뿐
토끼라 사슴만 뛰여보여도 반듯이 긔려지는사나이 지낫엇느니

고흔螯의 거동이 잇음즉한 맑고트인날 해는기우는제
승의보람은 이루윗느냐 가엾어라 미목청수한 젊은선비
앞시내ㅅ물 모이는 새파란 쏘에 몸을 던지시니라
　　　　　　　　(佛地菴은 內金剛幽寂한곳에 허무러가는古刹
　　　　　　　　두젊은승이 스님을뫼시고잇다)
　　　　　　　　　　　　(『文學』2호, 1934. 2)

46

그밤 가득한 山정기는 기척업시소슨 하얀달빛에 모다쓸리우고

한낮을 향미로우라 울리든 시내ㅅ물소리 마저 멀고그윽하야
衆香의 맑은돌에 맺은 금이슬 구을러흐르듯
아담한 꿈하나 여승의 호젓한품을 애끈히 사라젓느니

千年옛날 쫏기여간 新羅의아들이냐 그빛은 청초한 수미山나리꽃
정녕 지름길 섯드른 힌옷입은 고혼小年이
흡사 그바다에서 이바다로 고요히 떠러지는 별ㅅ살가치
옆山모롱이에 언듯 나타나 앞골시내로 삽분 사라지심

숭은 아까워 못견듸는양 희미해지는 꿈만 뒤조챳스나
끝업는지라 돌여 밝는날의 남모를 귀한보람을 품엇슬뿐
톳기라 사슴만 뛰여보여도 반듯이 그려지는사나이 지낫섯느니

고혼螯의 거동이 잇슴즉한 맑고트인날 해는기우는제
숭의보람은 이루윗느냐 가엽서라 미목청수한 젊은선비
앞시내ㅅ물 모히는 새파란 쏘에 몸을 던지시니라

(佛地菴은 內金剛幽寂한곳에 허무러져가는
古刹 두젊은숭이 그의스님을 뫼시고잇다)
(『永郎詩集』1935. 11)

57. 佛地菴

그밤 가득한山정기는 기척없이솟은 하얀달빛에 모다씰리우고
한낮을 향미로우라 울리든 시내ㅅ물소리마져 멀고그윽하여
衆香의맑은돌에 맺은 금이슬 구을러흐르듯
아담한 꿈하나 여승의 호젓한품을 애끊이 사라졌느니

千年옛날 쫓기여간 新羅의아들이냐 그빛은 청초한 수미山나리꽃
정녕 지름길 섯드른 흰옷입은 고흔小年이
흡사 그바다에서 이바다로 고요히 떠러지는 별ㅅ살같이
옆山모롱이에 언듯 나타나 앞골시내로 삽분 사라지심

승은 아까워 못견듸는냥 희미해지는 꿈만 뒤쫓았으나
끝없는지라 돌여 밝는날의 남모를 귀한보람을 품었을뿐
토끼라 사슴만 뛰여보여도 반듯이 그려지는 사나이 지났었느니

고흔螢의 거동이 있음즉한 맑고트인날 해는 기우는제
승의보람은 이루웠느냐 가엾어라 미목청수한 젊은선비
앞시내ㅅ물 모이는 새파란 쏘에 몸을 던지시니라

(『永郎詩選』 1949. 10)

4

뉘 눈결에 쏘이엿소
왼통 수집어진 저 하날빛
담안에 복숭아꽃이 붉고
밧게 봄은 벌서 재앙스럽소

꾀꼬리 단두리 단두리 로다
빈 골ㅅ작도 붓그려워
홀란스런 노래로 힌구름 피여올리나
그속에 든 꿈이 더 재앙스럽소

　　　　　　(『永郞詩集』 1935. 11)

12. 뉘 눈결에 쏘이었오

뉘 눈결에 쏘이었오
왼통 수집어진 저 하늘빛
담안에 복숭아 꽃이 붉고
박게 봄은 벌서 재앙스럾오

꾀꼬리 단두리 단두리 로다
빈 골ㅅ작도 부끄러워
홀란스란 노래로 힌구름 피여올리나
그속에 든 꿈이 더 재앙스럾오

　　　　　　(『永郞詩選』 1949. 10)

7

눈물에 실려가면 山길로 七千里
도라보니 찬바람 무덤에 몰리네
서울이 千里로다 멀기도 하련만
눈물에 실려가면 한거름 한거름

뱃장우에 부은발 쉬일가보다
달빗으로 눈물을 말릴가보다
고요한 바다우로 노래가 떠간다
서름도 붓그려워 노래가 노래가

(『永郎詩集』 1935. 11)

15

숨향긔 숨길을 가로막엇소
발끝에 구슬이 깨이여지고
달따라 들길을 거러다니다
하룻밤 여름을 새워버렷소

(『永郞詩集』1935. 11)

35

숲향기 숨길을 가로막었오
발끝에 구슬이 깨이어지고
달따라 들길을 거러다니다
하룻밤 여름을 새워버렸오

(『永郞詩選』1949. 10)

19

그색시 서럽다 그얼골 그동자가
가을하날가에 도는 바람슷긴 구름조각
핼슥하고 서느라워 어대로 떠갓스랴
그색시 서럽다 옛날의 옛날의

(『永郎詩集』 1935. 11)

39

그색시 서럽다 그얼굴 그 동자가
가을하늘 가에 도는 바람슷긴 구름조각
핼슥하고 서느라워 어대로 떠갔으랴
그색시 서럽다 옛날의 옛날의

(『永郎詩選』 1949. 10)

23

떠날러가는 마음의 포럼한 길을
꿈이런가 눈감고 헤아리려니
가슴에 선뜻 빛갈이 돌아
생각을 끈으며 눈물 고이며
                (『永郎詩集』, 1935. 11)

40

떠날러가는 마음의 파름한 길을
꿈이런가 눈감고 헤아리려니
가슴에 선뜻 빛갈이 돌아
생각을 끊으며 눈물 고이며
                (『永郎詩選』 1949. 10)

27

미움이란 말속에 보기실흔 아픔
미움이란 말속에 하잔한 뉘침
그러나 그말삼 섭히고 섭힐때
한거풀 넘치여 흐르는 눈물
(『永郎詩集』, 1935. 11)

43

미움이란 말속에 보기싫은 아픔
미움이란 말속에 하잔한 뉘이침
그러나 그말슴 섭히고 섭힐때
한거풀 넘치여 흐르는 눈물
(『永郎詩選』 1949. 10)

36

생각하면 붓그려운 일이여라
석가나 예수가치 큰일을 할니라고
내가슴에 불덩이가 타오르든때
학생이란 피로싸인 붓그려운때
　　　　　　(『永郞詩集』 1935. 11)

37

왼몸을 감도는 붉은 피ㅅ줄이
꼭 감긴 눈속에 뭉치여 잇네
날낸소리 한마듸 날낸 칼하나
그피ㅅ줄 딱끈어 버릴수업나

(『永郎詩集』1935. 11)

44

왼몸을 감도는 붉은 핏줄이
꼭 감긴 눈속에 뭉치여 있네
날랜 소리 한마듸 날랜 칼 하나
그핏줄 딱 끈어 버릴수 없나

(『永郎詩選』1949. 10)

40

창랑에 잠방거리는 섬들을길러
그대는 탈도업시 태연스럽다

마을을 휩쓸고 목숨 아서간
간밤 풍랑도 가소롭구나

아츰날빛에 돛 노피 달고
청산아 봐란듯 떠나가는 배

바람은 차고 물결은 치고
그대는 호령도 하실만하다

(『永郎詩集』, 1935. 11)

7. 그대는 호령도 하실만하다

창랑에 잠방거리는 흰물새러냐
그대는 탈도 없이태연스럽다

마을 휩쓸고 목숨 아서간
간밤 풍랑도 가소롭구나

아침날빛에 돛 노피 달고
청산아 보아라 떠나가는 배

바람은 차고 물결은 치고
그대는 호령도 하실만하다

(『永郎詩選』 1949. 10)

41

아퍼누어 혼자 비노라
이대로 가진 못하느냐

비는마음 그래도 거짓잇나
사잔욕심 차저도 보나
새삼스레 잇슬리 업다
힘업고 느릿한 피ㅅ줄하나

오! 그져 이슬가치
예사 고요히 지럼으나
저긔 은행닙은 떠나른다

     (『永郎詩集』1935. 11)

47

물보면 흐르고
별보면 또렷한
마음이 어이면 늙으뇨

힌날에 한숨만
끝업시 떠돌든
시절이 가엽고 멀어라

안쓰런 눈물에안껴
흐튼닙 싸힌곳에 빗방울드듯
늣김은 후줄근히 흘러흘러가것만

그밤을 홀히안즈면
무심코 야윈볼도 만저보느니
시들고 못피인꽃 어서떠러지거라

(『永郎詩集』, 1935. 11)

8. 물보면 흐르고

물보면 흐르고
별보면 또렷한
마음이 어이면 늙으뇨

힌날에 한숨만

끝없이 떠돌든
시절이 가엽고 멀어라

안쓰런 눈물에안껴
흐튼닢 싸힌곳에 빗방울드듯
느낌은 후줄근히 흘러흘러가것만

그밤을 홀히앉으면
무심코 야윈볼도 만저보느니
시들고 못퓌인꽃 어서떠러지거라

                    (『永郎詩選』1949. 10)

48

降仙臺 돌바늘끝에
하잔한 인간 하나
그는 버-르서
불타오르는 湖水에 뛰여내려서
제몸 살윗드라면 조핫슬 인간

이제 몇해뇨
그황홀 맛나도 이몸선듯 못내던지고
그찰란 보고도 노래는영영 못부른채

저져드는 물결과 싸우다 넘기고
시달린 마음이라 더러 눈물매졋네

降仙臺 돌바늘끝에 벌서
불살윗서야 조핫슬 인간

(『永郎詩集』1935. 11)

49

사개틀닌 古風의퇴마루에 업는듯이안져
아즉 떠오를긔척도 업는달을 기둘린다
아모런 생각업시
아모런 뜻업시

이제 저 감나무 그림자가
삿분 한치식 올마오고
이 마루우에 빛갈의방석이
보시시 깔니우면

나는 내하나인 외론벗
간열푼 내그림자와
말업시 몸짓업시 서로맛대고 잇스려니
이밤 옴기는 발짓이나 들려오리라

(『永郎詩集』 1935. 11)

50

마당앞
맑은새암을 드려다본다

저 깁흔 땅밑에
사로잡힌 넉 잇서
언제나 머ㄴ 하날만
내여다보고 게심 가터

별이 총총한
맑은새암을 드려다본다

저 깁흔 땅속에
펀히누은 넉 잇서
이밤 그눈 반작이고
그의것몸 부르심 가터

마당앞
맑은새암은 내령혼의얼골

(『永郞詩集』1935. 11)

51

황홀한 달빛
바다는 銀장
천지는 꿈인양
이리 고요하다

불르면 내려올듯
정뜬 달은
맑고 은은한노래
울려날듯

저 銀장우에
떠러진단들
달이야 설마
깨여질나고

떠러져보라
저달 어서 떠러저라
그홀란스럼
아름다운 턴둥 지둥

후젓한 三更
산우에 홀히
꿈꾸는 바다
깨울수 없다

(『永郎詩集』 1935. 11)

52

울어 피를뱉고 뱉은피는 도루삼켜
평생을 원한과슬픔에 지친 적은새
너는 너룬세상에 서름을 피로 색이려오고
네눈물은 數千세월을 끈임업시 흐려노앗다
여기는 먼 南쪽땅 너쪼껴숨음직한 외딴곳
달빛 너무도 황홀하야 후졋한 이 새벽을
송긔한 네우름 千길바다밑 고기를 놀내고
하날ㅅ가 어린별들 버르르 떨니겟고나

몇해라 이三更에 빙빙 도-는 눈물을
슷지는못하고 고힌그대로 흘니웟느니
서럽고 외롭고 여윈 이몸은
퍼붓는 네 술ㅅ잔에 그만 지눌겻느니
무섬ㅅ정 드는 이새벽 가지울니는 저승의노래
저긔 城밑을 도라나가는 죽엄의 자랑찬소리여
달빛 오히려 마음어둘 저 힌등 흐늣겨가신다
오래 시들어 팔히한마음 마조 가고지워라

비탄의넉시 붉은마음만 낯낯 시들피느니
지튼봄 옥속 春香이 아니 죽엿슬나듸야
옛날 王宮을 나신 나히어린 임금이
산ㅅ골에 홀히 우시다 너를 따라가셧드라니
古今島 마조보이는 南쪽바다ㅅ가 한만흔 귀향길
千里망아지 얼넝소리 쉔듯 멈추고
선비 여윈얼골 푸른물에 띄웟슬제

네 恨된우름 죽엄을 호려 불럿스리라

너 아니울어도 이세상 서럽고 쓰린것을
이른봄 수풀이 초록빛드러 물내음새 그윽하고
가는 대닢에 초생달 매달려 애틋한 밝은어둠을
너 몹시 안타가워 포실거리며 홋홋 목메엿느니
아니울고는 하마 죽어업스리 오! 不幸의넉시여
우지진 진달내 와직지우는 이三更의 네 우름
희미한 줄山이 살풋 물러서고
조고만 시골이 훙청 깨여진다 (杜鵑)

　　　　　　　　　　　　(『永郎詩集』1935. 11)

58. 杜 鵑

울어 피를뱉고 뱉은피 도루삼켜
평생을 원한과슬픔에 지친 적은새
너는 너룬세상에 서름을 피로 색이러오고
네눈물은 數千세월을 끊임없이 흐려놓았다
여기는 먼南쪽땅 너 쪼겨숨음직한 외딴곳
달빛 너무도 황홀하여 후젔한 이새벽을
송기한 네우름 千길바다밑 고긔를 놀내이고
하늘ㅅ가 어린별들 버르르 떨리겠고나

몇해라 이 三更에 빙빙 도-는 눈물을
숫지는못하고 고힌그대로 흘리웠느니
서럽고 외롭고 여윈 이몸은
퍼붓는 네 술ㅅ잔에 그만 지늘꼈느니

무섭ㅅ정 드는 이새벽 가지울리는 저승의노래
저기 城밑을 도라나가는 죽음의 자랑찬소리여
달빛 오히려 마음어둘 저 흰둥 흐느껴가신다
오래 시들어 팔히한마음 마조 가고지워라

비탄의넋이 붉은마음만 낯낯 시들피나니
지튼봄 옥속 春香이 아니 죽였을나듸야
옛날 王宮을 나신 나히어린 임금이
산ㅅ골에 홀히 우시다 너를 따라가시였느니
古今島 마조보이는 南쪽바다ㅅ가 恨많은 귀향길
千里망아지 얼렁소리 쉰듯 멈추고
선비 여윈얼골 푸른물에 띄웠을제
네 恨된우름 죽엄을 호려 불렀으리라

너 아니울어도 이세상 서럽고 쓰린것을
이른봄 수풀이 초록빛드러 풀 내음새 그윽하고
가는 대닢에 초생달 매달려 애틋한 밝은어둠을
너 몹시 안타가워 포실거리며 훗훗 목메었느니
아니 울고는 하마 지고없으리 오! 不幸의넉시여
우지진 진달내 와직지우는 이三更의 네 우름
희미한 줄山이 살풋 물러서고
조고만 시골이 홍청 깨여진다

(『永郎詩選』 1949. 10)

53

호르 호르르 호르르르 가을아참
취여진 쳥명을 마시며 거닐면
수풀이 호르르 버레가 호르르르
쳥명은 내머리속 가슴속을 저져들어
발끝 손끝으로 새여나가나니

온살결 터럭긋은 모다 눈이요 입이라
나는 수풀의 정을 알수잇고
버레의 예지를 알수잇다
그리하야 나도 이아참 쳥명의
가장 고읍지못한 노래ㅅ군이 된다

수풀과버레는 자고깨인 어린애
밤새여 빨고도 이슬은 남엇다
남엇거든 나를 주라
나는 이쳥명에도 주리나니
방에 문을달고 벽을향해 숨쉬지안엇느뇨

해ㅅ발이 처음 쏘다오아
쳥명은 갑작히 으리으리한 冠을 쓴다
그때에 토록 하고 동백한알은 빠지나니
오! 그빛남 그고요함
간밤에 하날을 쫏긴 별쌀의흐름이 저러햇다

원소리의 앞소리오

윈빛갈의 비롯이라
이청명에 포근 취여진 내마음
감각의 낯닉은 고향을 차젓노라
평생 못떠날 내집을 드럿노라

（『永郎詩集』 1935. 11）

19. 淸 明

호르 호르르 호르르르 가을아침
취여진 청명을 마시며 거닐면
수풀이 호르르 버레가 호르르르
청명은 내머리속 가슴속을 저져들어
발끝 손끝으로 새여나가나니

온살결 터럭끗은 모다 눈이요 입이라
나는 수풀의 정을 알수있고
버레의 예지를 알수있다
그리하여 나도 이아침 청명의
가장 고읍지못한 노래ㅅ군이 된다

수풀과버레는 자고깨인 어린애라
밤 새여 빨고도 이슬은 남었다
남었거든 나를 주라
나는 이청명에도 주리나니
방에 문을달고 벽을향해 숨쉬지않었느뇨

햇발이 처음 쏘다지면

청명은 갑작히 으리으리한 冠을쓰고
토르록 실으르 동백한알은 빠지나니
오! 그빛남 그고요함
간밤에 하날을 쫏긴 별살의흐름이 저러했다

왼소리의 앞소리요
왼빛갈의 비롯이라
이청명에 폭은 취여진 내마음
감각의 시원한골에 돋은 한낫 풀닢이라
평생을 이슬밑에 자리잡은 한낫 버러지로라

(『永郎詩選』 1949. 10)

2. 중기시: 1939-1940

거문고

검은벽에 기대선채로
해가 수무번 박귀였는듸
내 麒麟은 영영 울지를못한다

그가슴을 퉁 흔들고간 老人의손
지금 어느 끝없는饗宴에 높이앉었으려니
땅우의 외론 기린이야 하마 이저섰을나

박같은 거친들 이리떼만 몰려다니고
사람인양 꾸민 잣나비떼들 쏘다다니여
내 기린은 맘둘곳 몸둘곳 없어지다

문 아조 굳이닫고 벽에기대선채
해가 또한번 박귀거늘
이밤도 내 기린은 맘놓고 울들못한다

(『朝光』5권 1호, 1939. 1)

가야금

北으로
北으로
울고간다 기러기

南邦의
대숲밑
뉘 휘여 날켯느뇨

앞서고 뒤섰다
어지럴리 없으나

간열픈 실오랙이
네목숨이 조매로아

(『朝光』 5권 1호, 1939. 1)

달마지

빛갈 환-히
東窓에 떠오름을 기두리신가
아흐레 어린달이
부름도없이 홀로 났소
月出 東嶺
八道사람 마지하오
긔척없이 따르는 마음
그대나 고히 싸안어주오
　　　　　　　　(『女性』 4권 4호, 1939. 4)

10. 빛갈 환히

빛갈 환히
동창에 떠오름을 기둘리신가
아흐레 어린 달이
부름도 없이 홀로 났네
月出東嶺!
팔도사람 다 마지하소
기척없이 따르는 마음
그대나 홀히 싸안어주오
　　　　　　　　(『永郎詩選』 1949. 10)

연(1)

내 어린날!
아슬한 하날에 뜬 연같이
바람에 깜박이는 연실같이
내어린날! 아슴풀 하다

하날은 파-랗고 끝없고
평평한 연실은 조매롭고
오! 힌연 그새에 높이
아실아실 떠놀다 내어린날!

바람이러 끊어 갔더면
엄마 압바 날어찌 찾어
히끗히끗한 실낫 믿고
어린 압바 피리를 불다

오! 내어린날 하얀옷입고
외로히 자랐다 하얀넋담고
조마조마 길가에 붉은 발자옥
자옥마다 눈물이 고이였었다

(『女性』4권 5호, 1939. 5)

23. 연 1

내 어린날!

아슬한 하늘에 뜬 연같이
바람에 깜박이는 연실같이
내 어린날! 아슨풀 하다

하늘은 파-랗고 끝없고
편편한 연실은 조매롭고
오! 힌연 그새에 높이
아실아실 떠놀다 내어린날!

바람이러 끊어지든날
엄마 아빠 부르고 울다
히끗 히끗한 실낫이 서러워
아침 저녁 나무밑에 울다

오! 내 어린날 하얀옷 입고
외로히 자랐다 하얀 넋 담ㅅ고
조마조마 길가에 붉은발자옥
자옥마다 눈물이 고이였었다

　　　　　　(『永郎詩選』1949. 10)

五月

들길은 마을에 들자 붉어지고
마을골목은 들로 내려서자 푸르러졌다
바람은 넘실 千이랑 萬이랑
이랑 이랑 햇빛이 갈라지고
보리도 허리통이 부끄럽게 들어났다
꾀꼬리는 엽태 혼자 날아볼줄 모르나니
암컷이라 쫓길뿐
수놈이라 쫓을뿐
황금 빛난 길이 어지럴뿐
얇은 단장하고 아양 가득 차있는
山봉우리야 오늘밤 너 어디로 가버리련?

(『文章』1권 6호, 1939. 7)

4. 五 月

들길은 마을에 들자 붉어지고
마을골목은 들로 내려서자 푸르러진다
바람은 넘실 千이랑 萬이랑
이랑 이 랑 햇빛이 갈라지고
보리도 허리통이 부끄럽게 드러났다
꾀꼬리는 엽태 혼자 날아볼줄 모르나니
암컷이라 쫓길뿐
수놈이라 쫓을뿐
황금 빛난 길이 어지럴뿐

얇은 단장하고 아양 가득 차있는
山봉우리야 오늘밤 너 어듸로 가버리련?

(『永郞詩選』 1949. 10)

毒을 차고

내 가슴에 毒을 찬지 오래로다
아직 아무도 害한 일 없는 새로 뽑은 毒
벗은 그 무서운 毒 그만 흘어버리라 한다
나는 그 毒이 벗도 선뜻 害할지 모른다 위협하고,

毒 안 차고 살어도 머지 않어 너 나 마주 가버리면
屢億千萬 世代가 그 뒤로 잠잣고 흘러가고
나중에 땅덩이 모지라져 모래알이 될것임을
「虛無한듸!」 毒은 차서 무엇 하느냐고?

아! 내 세상에 태어났음을 원망 않고 보낸
어느 하루가 있었던가, 「虛無한듸!」, 허나
앞뒤로 덤비는 이리 승냥이 바야흐로 내 마음을 노리매
내 산체 짐승의 밥이되어 찢기우고 할퀴우라 네 맡긴 신세임을

나는 毒을 품고 선선히 가리라,
마금날 내 깨끗한 마음 건지기 위하야.

(『文章』 1권 10호, 1939. 11)

56. 毒을 차고

내 가슴에 毒을 찬지 오래로다
아직 아무도 害한일 없는 새로 뽑은毒
벗은 그무서운 毒 그만 흘어버리라 한다

나는 그毒이 선뜻 벗도 害할지 모른다 위협하고

毒 안차고 살어도 머지않어 너 나 마주 가버리면
億萬世代가 그 뒤로 잠잣고 흘러가고
나종에 땅덩이 모지라져 모래알이 될것임을
「虛無한듸!」毒은 차서 무엇 하느냐고?

아! 내 세상에 태어났음을 원망 않고 보낸
어느 하루가 있었던가 「虛無한듸!」 허나
앞뒤로 덤비는 이리 승냥이 바야흐로 내 마음을 노리매
내 산체 짐승의 밥이되어 찢기우고 할퀴우라 네맛긴 신세임을

나는 毒을 차고 선선히 가리라
마금날 내 외로운 魂 건지기 위하여
(『永郞詩選』1949. 10)

墓碑銘

생전에 이다지 외로운사람
어이해 뫼아레 碑돌세우오
초조론 길손의 한숨이라도
헤여진 고총에 자조떠오리
날마라 외롭다 가고말사람,
그레도 뫼아레 碑돌세우리
「외롭건 내곁에 쉬시다가라」
恨되는 한마듸 삭이실난가

(『朝光』5권 12호, 1939. 12)

한줌흙

본시 평탄했을 마음 아니로다
구지 톱질하여 산산 찌저노았다

風景이 눈을 흘리지 못하고
사랑이 생각을 흐리지 못한다

지처 원망도 안코 산다

대채 내노래는 어듸로 갔느냐
가장 거룩한것 이눈물 만

아선 마음 끝네 못빼앗고
주린 마음 끄득 못배불리고

어피차 몸도 피로워졌다
밧비 棺에 못을 다저라

아모려나 한줌 흙이 되는구나

　　　　　　(『朝光』 6권 3호, 1940. 3)

55. 한줌 흙

본시 평탄했을 마음 아니로다
구지 톱질하여 산산 찢어놓았다

風景이 눈을 홀리지 못하고
사랑이 생각을 흐리지 못한다

지처 원망도 않고 산다

대채 내노래는 어듸로 갔느냐
가장 거룩한것 이눈물만

아신 마음 끝네 못빼앗고
주린 마음 끄득 못배불리고

어피차 몸도 피로워졌다
바삐 棺에 못을 다져라

아모려나 한줌 흙이 되는구나

(『永郎詩選』 1949. 10)

江 물

잠ㅅ자리 서뤄서 이러났소
꿈이 고읍지못해 눈을 떴소

벼개에 차단히 눈물은 저젔는듸
흐르다못해 한방울 애끈히 고히였소

꿈에본 江물이라 몹시보고싶었소
무럭무럭 김오르며 내리는 江물

언덕을 혼자서 거니노라니
물오리 갈매기도 끼룩끼룩

江물을 철 철 흘러가면서
아심찬히 그꿈도 떠실코갔소

꿈이아닌 생시 가진서름도
작고 江물은 떠실코갔소

(『女性』 5권 4호, 1940. 4)

한길에 누어

팔다리 쭉뻣고 한길에 펑 드러눕다
총총 백인 별이 방울지듯 치렁치렁
燦爛 만 저리 悠久 했다

사람아 웨 나를 귀찬케 흔들기냐
기껏해야 용수같은 내 土窟 차저들라고

한창 새벽「해」와 「길」이 쓸곳없다
燦爛 만 저리 悠久 코나
내 祈願 도 世紀를 넘어설가

歲月이 感激을 좀먹길내
밤마다 酒靈을 졸나댓다

그래 사람들아 그러케들 얌전키냐
하나도 서럽잔코 두번 원통치도 않어
어린자식 안처노코 똑바룬말 못할태냐

그때 열두담장 못 넘어뛰고 만
그 선비는 차라리 목마른채 賜藥을 받 었니라 고
(『朝光』 6권 5호, 1940. 5)

偶感

우렁찬소리 한마듸 안그리운가
내비위에 꼭맞는 그한마듸!
입에 돌고 귀에 아즉 우는구나

四十갓찬 나히, 내 일즉나서 좋다
창자가 짤리는 서름도 맛봐서 좋다
간 쓸개 가 갓갓으로 남었거늘

아버지도 싫다 너무 일혼때 나셨다
아들도 싫다 너무 지나서 나왔다
내나히 알맞다 가장 서럽게 자랐다

행복을 찾노라 모두들 환장 한다
제 혼자때문만 아니라는구나 주제넘게 남의행복까지!
갓다 부처님께 바처라 알는 마누라나 달래라

봄되면 우렁찬소리 여기저기 나는듯해 자지러지다가도
거저 되사러날듯 십다만 내보금자리는 한양 서런幸福
이 가득차있나

(『朝光』 6권 6호, 1940. 6)

호젓한노래

그대 내 홋진노래를 드르실까
꽃은 까득픠고 벌때 닝닝거리고

그대 내 그늘업는소리를 드르실까
안개 자욱히 푸른골을 다 덥헛네

그대 내 흥안니는노래를 드르실까
봄물결은 웨 이는지 출렁거리네

내소리는 께벗어 봄철이 실타리
호젓한소리 가다가는 쏩슬한소리

어슨달밤 빩안동백꽂 쥐어따서
마음씨 양 꽁꽁 쭈무러버리네

     (『女性』5권 6호, 1940. 6)

13. 내홋진 노래

그대 내 홋진 노래를 드르실까
꽃은 까득피고 벌때 닝닝거리고

그대 내 그늘 없는 소리를 드르실까
안개 자욱히 푸른골을 다 덮었네

그대 내 홍 안 이는 노래를 드르실까
봄물결은 웨 이는지 출렁거린듸

내 소리는 꿰벗어 봄철이 실타리
호젓한소리 가다가는 쓸슬한소리

어슨달밤 빩안 동백꽃 쥐어따서
마음씨 냥 꽁꽁 쭈무러 버리네

　　　　　　　(『永郞詩選』 1949. 10)

집

내집 아니라
늬집 이라
나르다 얼는 도라오라
처마 欄干이
늬들 가여운 소색임을 知音터라

내집 아니라
늬집 이라
아배 간뒤 머난날
아들 손자 잠도 깨우리
문틈사이 늬는 몇代채 서뤄 우느뇨

내집 아니라
늬집 이라
은행닢이 나른갑드니
좁은 마루구석에 품인듯 안겨들다
太古로 맑은바람이 거기 사럿니라

오! 내집이라
열해요 스무해를
안젓다 누엇달뿐
문밖에 밧분 손이
길 잘못드러 날 차저오고

손때·살내음도 저릿슬 欄干이

혼히 나를 않고 먼산 판다
한두쪽 힌구름이 사러지는듸
한두엇 저즈른 넷일이
파아란 하날 만히 아슬하다

       (『人文評論』11호, 1940. 8)

21. 집

내집 아니라
늬집 이라
나르다 얼는 도라오라
처마 欄干이
늬들 가여운 소색임을 知音터라

내집 아니라
늬집 이라
아배 간뒤 머언날
아들 손자 잠도 깨우리
문틈사이 늬는 몇代체 서뤄 우느뇨

내집 아니라
늬집 이라
하눌 날흐든 銀杏닢이
좁은 마루구석에 품인듯 안겨든다
太古로 맑은바람이 거기 사렀니라

오! 내집이라

열해요 수무해를
앉었다 누었달뿐
문밖에 바쁜 손이
길 잘못드러 날 찾어오고

손때 살내음도 저뮜을 欄干이
흉이 나를 않고 한가 하다
한두쪽 힌구름도 사러지는듸
한두엇 저질러는 부끄러운짓
파아란 하늘처름 아슨풀하다

　　　　　　　　　　(『永郎詩選』 1949. 10)

春香

큰칼 쓰고 獄에 든 春香이는
제마음이 그리도 독했든가 놀래었다
성문이 부서져도 이 악물고
사또를 노려보든 교만한 눈
그는 옛날 成學士 朴彭年이
불지짐에도 泰然하였음을 알었었니라
오! 一片丹心

깊은 겨울밤 비ㅅ바람은 우루루루
피ㅅ칠해논 獄窓살을 드리 치는데
獄죽엄한 冤鬼들이 구석구석에 휙 휙 울어
淸節春香도 魂을 잃고 몸을 버려 버렸다
밤 새도록 까무러치고
해 도들녁 깨어나다
오! 一片丹心

상하고 병든자리 마디마디 문지르며
눈물은 타고남은 간을 젖어 버렸다
버들닢이 청살에 선듯 스치는 날도
도련님 말방울 소리는 아니들렸다
三更을 세오다가 그는 고만 斷腸하다
두견이 울어 두견이 울어 南原고을도 깨여지고
오! 一片丹心

믿고 바라고 눈아프게 보고싶든 도련님이

죽기前에 와주셨다 春香이는 살었구나
쑥대머리 귀신얼굴된 春香이 보고
李도령은 殘忍스레 웃었다 저때문의 貞節!이 자랑스러워
「우리집이 꽉 亡해서 上거지가 되었노라」
틀림없는 도련님 春香은 원망도 안했니라
오! 一片丹心

모진 春香이 그밤새벽에 또 까무러처선
영 다시 깨여나진 못했었다 두견은 우렀건만
도련님 다시뵈어 恨을 풀었으나 살어날 가망은 아조 끊기고
왼몸 푸른 脈도 핵 풀려 버렸을법
出道 끝에 御史는 春香의몸을 거두며 울다
「내 卞氏보다 더 殘忍無智하야 春香을 죽였구나」
오! 一片丹心

(『文章』2권 7호, 1940. 9)

59. 春 香

큰칼 쓰고 獄에 든 春香이는
제마음이 그리도 독했든가 놀래었다
성문이 부서저도 이 악물고
사또를 노려보든 교만한 눈
그는 옛날 成學士 朴彭年이
불지짐에도 泰然하였음을 알었었니라
오! 一片丹心

원통코 독한마음 잠과꿈을 이뤘으랴
獄房 첫날밤은 길고도 무서워라
서름이 사모치고 지처 쓰러지면
南江의 외론魂은 불리어 나왔느니
論介! 어린春香을 꼭 안어
밤새워 마음과 살을 어루만지다
오! 一片丹心

사랑이 무엇이기
貞節이 무엇이기
그때문에 꽃의春香 그만 獄死하단말가
지네 구렁이 같은 卞學徒의
흉칙한 얼굴에 까물어처도
어린가슴 달큼히 지켜주는 도련님생각
오! 一片丹心

상하고 멍든자리 마듸마듸 문지르며
눈물은 타고남은 간을 젖어 내렸다
버들닢이 창살에 선뜻 스치는 날도
도련님 말방울 소리는 아니들렸다
三更을 세오다가 그는 고만 斷腸하다
두겨이 울어 두겨이 울어 南原고을도 깨어지고
오! 一片丹心

깊은 겨을밤 비ㅅ바람은 우루루루
피칠해논 獄窓살을 드리 치는대
獄죽엄한 冤鬼들이 구석구석에 휙휙 울어
淸節春香도 魂을 잃고 몸을 버려 버렸다

밤 새도록 까무러치고
해 도들녁 깨어나다
오! 一片丹心

믿고 바라고 눈앞으게 보고싶든 도련님이
죽기前에 와주셨다 春香은 살었구나
쑥대머리 귀신얼굴된 春香이 보고
李도령은 殘忍스레 우섰다 저때문의 貞節이 자랑스러워
「우리집이 팍 亡해서 上거지가 되었지야」
틀림없는 도련님 春香은 원망도 않했니라
오! 一片丹心

모진 春香이 그밤새벽에 또 까무러처서는
영 다시 깨어나진 못했었다 두견은 우렀건만
도련님 다시뵈어 恨을 풀었으나 살아날 가망은 아조 끈끼고
왼몸 푸른 脈도 홱 풀려 버렸을법
出道 끝에 御史는 春香의몸을 거두며 울다
「내 卞苛보다 殘忍無智하여 春香을 죽였구나」
오! 一片丹心

(『永郎詩選』 1949. 10)

3. 후기시: 1946-1950

북

자네 소리하게 내 북을 치제.

진양조 중머리 중중머리
엇머리 자저지다 휘모라보아.

이러케 숨결이 꼭마저사만 이룬 일이란
人生에 흔치안어 어려운일 시원한일.

소리를 떠나서야 북은 오직 가죽일뿐
헛때리면 萬甲이도 숨을 고처 쉴박게.

長短을 친다는말이 모자라오
演唱을 살리는 伴奏쯤은 지나고
북은 오히려 컨닥타 요.

떠밧는 名鼓인듸 잔가락을 온통 이즈오
떡떡궁! 動中靜이오 소란속에 고요 잇어
人生이 가을가치 익어가오.

자네 소리 하게 내 북을 치제.
(『東亞日報』1946. 12. 10)

28. 북

자네 소리 하게 내 북을 잡지

진양조 중머리 중중머리
엇머리 자저지다 휘모라보아

이렇게 숨결이 꼭마저사만 이룬 일이란
人生에 흔치않어 어려운일 시원한일

소리를 떠나서야 북은 오직 가죽일뿐
헛 때리면 萬甲이도 숨을 고처쉴밖에

長短을 친다는말이 모자라오
演唱을 살리는 伴奏쯤은 지나고
북은 오히려 컨닥타-요

떠받는 名鼓인듸 잔가락을 온통 잊으오
떡 궁! 動中靜이오 소란속에 고요 있어
人生이 가을같이 익어가오

자네 소리 하게 내 북을 치지

(『永郎詩選』1949. 10)

바다로 가자

바다로 가자 큰 바다로 가자
우리는 인젠 큰하늘과 넓은바다를 마음대로 가젓노라
하늘이 바다요 바다가 하늘이라
바다 하늘 모두다 가젓노라
옳다 그리하야 가슴이 뻐근치야
우리 모두다 가잣구나 큰바다로 가잣구나
우리는 바다없이 살었지야 숨막히고 살었지야
그리하야 쪼여들고 울고불고 하엿지야
바다없는 항구속에 사로잡힌몸은
살이 터저나고 뼈 튀겨나고 넋이흐터지고
하마트면 아주 꺼꾸러져 버릴것을
오— 바다가 터지도다 큰바다가 터지도다
쪽배 타면 濟洲야 가고 오고
獨木船 倭섬이사 갓다 왓지
허나 그게 바달러냐
건너뛰는 실개천이라
우리 三年 걸여도 큰배를 짓자구나
큰바다넓은하늘을 우리는 가젓노라
우리 큰배타고 떠나가잣구나
滄浪을 헤치고 颱風을 거더차고
하늘과 맛이흔 저水平線 뚜르리라
큰 호통하고 떠나가잣구나
바다없는 항구에 사로잡힌 마음들아
툭털고 이러서자 바다가 네집이라
우리들 사슬버슨 넋이로다 푸러노힌 겨래로다

가슴엔 잔뜩별을 안으렴아
손애 잡히는 엄마별 애기별
머리우엔 끄득보배를 이고오렴
발아래 쫙깔린 산호요 진주라
바다로가자 우리 큰바다로 가자

『民衆日報』 1947. 8. 7)

29. 바다로 가자

바다로 가자 큰 바다로 가자
우리는 인젠 큰하늘과 넓은바다를 마음대로 가졌노라
하늘이 바다요 바다가 하늘이라
바다 하늘 모두다 가졌노라
옳다 그리하여 가슴이 빽은치야
우리 모두다 가쟀구나 큰바다로 가쟀구나

우리는 바다없이 살었지야 숨마키고 살었지야
그리하여 쪼여들고 울고불고 하였지야
바다없는 항구속에 사로잡힌 몸은
살이 터저나고 뼈 튀겨나고 넋이 흐터지고
하마트면 아주 꺼꾸러져 버릴것을
오! 바다가 터지도다 큰바다가 터지도다

쪽배 타면 濟洲야 가고오고
獨木船 倭섬이사 갔다 왔지
허나 그게 바달러냐
건너뛰는 실개천이라

우리 三年 걸려도 큰 배를 짓잤구나
큰바다 넓은하늘을 우리는 가졌노라

우리 큰배타고 떠나가잤구나
滄浪을 헤치고 颱風을 거더차고
하늘과 맞다은 저 水平線 뚜르리라
큰 호통하고 떠나가잤구나
바다없는 항구에 사로잡힌 마음들아
툭털고 이러서자 바다가 네 집이라

우리들 사슬버슨 넋이로다 푸러노힌 겨래로다
가슴엔 잔뜩 별을 안으럼아
손에 잡히는 엄마별 아가별
머리엔 끄득 보배를 이고 오렴
발아래 좍 깔린 산호요 진주라
바다로 가자 우리 큰 바다로 가자

                    (『永郎詩選』 1949. 10)

놓인 마음

가을날 땅검이 아름풋한 흐름 우를
고요히 실리우다 휜듯 스러지는것
잊으봄 보랓빛의 낡은 내음이뇨
임으 사라진 千里밖의 산울림
오랜세월 싀닷긴 으스름한 파스텔

애닲은듯 한
좀서러운듯 한

오......모도다 못도라오는
먼 ― 지난날의 놓인마음

<舊詩帖에서>
(『新天地』 3권 9호, 1948. 10)

20. 땅검이

가을날 땅검이 아름풋한 흐름 우를
고요히 실리우다 휜듯 스러지는것
잊은 봄 보랓빛의 낡은 내음이뇨
임으 사라진 千里밖의 山울림
오랜세월 시닷긴 으스름한 파스텔

애닲은듯 한
좀 서러운듯 한

오! 모도다 못도라오는
먼-지난날의 놓친마음

(『永郎詩選』 1949. 10)

새벽의 處刑場

새벽의 處刑場에는 서리찬魔의 숨길이 휙 휙 살을애움니다
탕탕 탕탕탕 퍽퍽 쓸어집니다
모두가 씩씩한 맑은눈을 가진 젊은이들 낳기前에 임을빼앗긴 太極
旗를도루차저 三年을휘두르며 바른길을앞서것든 젊은이들
탕탕탕 탕탕작구 쓸어집니다
연유 모를 떼죽엄 원통한 떼죽엄
마즈막 숨이다져질때에도 못잊는것은
下弦찬달아래鍾鼓山 머리 나르는 太極旗
오......亡해가는 祖國이모습
눈이 참아 감겨젓슬까요
보아요 저흘러내리는 싸늘한 피의줄기를
피를 흠벅마신 그해가 일곱번 다시뜨도록
비린내는 죽엄의거리를 휩쓸고 숨다젓나니
處刑이 잠시 쉬논그새벽마다
피를 싯는물車 눈물을퍼부어도 퍼부어도
보아요 저흘러내리는生血의 싸늘한 피줄기를

                    (『東亞日報』1948. 11. 14)

絶望

玉川 긴언덕에 쓰러진 죽엄 때죽엄
生血은 쏫고흘러 十里江물이 붉었나이다
싸늘한 가을바람 사흘불어피江물은 얼었나이다
이무슨 악착한 죽엄이오니까
이무슨 前世에업든 慘變이오니까
祖國을 지켜주리라 믿은 우리軍兵의槍끝에
太極旗는 갈갈히 찟기고 불타고있읍니다
별같은 靑春의 그총총한 눈물은
惡의毒酒에 가득醉한 軍兵의칼끝에
모조리 도려빼이고 불타죽었나이다
이무슨 災변이오니까
우리의피는 그리도不純한 배있었나이까
무슨 政治의이름아래
무슨 뼈에사모친 원수였기에
홋한겨레의 아들딸이였을뿐인듸
이렇게 硫黃불에타죽고 마럿나이까
근원이 무에던지 캘바이아닙니다
죽어도죽어도 이렇게 죽는수도 있나이까
산채로 살을 깍기여 죽었나이다
산채로 눈을 뽑혀 죽었나이다
칼로가 아니라 탄환으로쏘아서 四지를 갈갈히 끈어 불태웠나이다
홋한 겨레이 피에도 이렇안 不純한피가 석겨있음을 이제 참으로 알
었나이다
아! 내 不純한핏줄 呪詛바들 핏줄
산고랑이나 개천가에 버려둔채 깜앗케 鉛毒한 죽엄의 하나 하나

탄환이 쉰방 일흔방 여든방 구멍이 뚫고 나갔읍니다
아우가 형을 죽였는대 이럿소이다
조카가 아재를 죽였는대 이럿소이다
무슨 뼈에사모친원수였기에
무슨 政治의탈을썻기에
이래도 이民族에 希望을 붓처 볼수있사오리까
생각은끈기고 눈물만 흐릅니다

(『東亞日報』1948. 11. 16)

연(2)

좀평나무 높흔가지끝에 얼킨 다 해진 흰실낯을 남은 몰나도
보름전에 산을넘어 멀리가버린 내연의 한알 남긴 서름의 첫씨
태어난뒤 처음높히 띄운보람 맛본보람
않 끈어젓드면 그렇수 없지
찬바람 쐬며 코ㅅ물 흘리며 그겨울내 그실낯 치어다보러 다녓으리
내인생이란 그때버텀 벌서 시든상 싶어
철든 어른을 뽐내다가도 그휜실낯같은 病의 실마리
마음 어느한구석에 도사리고있어 얼신거리면
아이고! 모르지
불다 자는 바람
타다 꺼진 불똥
아! 인생도 겨래도 다 멀어지든구나

　　　　　　　　　　　(『白民』 17호, 1949. 1)

24. 연 2

좀평나무 높은가지끝에 얼킨 다아 해진
　흰 실낯을 남은 몰라도
보름전에 산을넘어 멀리가버린 내연의
　한알 남긴 서름의 첫씨
태여난뒤 처음높이 띄운보람 맞본보람
안 끈어졌드면 그럴수 없지
찬바람 쐬며 코ㅅ물 흘리며 그겨울내
　그실낯 치어다보러 다녔으리

내인생이란 그때버텀 벌서 시든상 싶어
철든 어른을 뽑내다가도 그실낫같은 病의 실마리
마음 어느한구석에 도사리고있어 얼신거리면
아이고! 모르지
불다 자는 바람 타다 꺼진 불ㅅ동
아! 인생도 겨래도 다아 멀어지든구나

　　　　　　　　　　(『永郎詩選』 1949. 10)

겨레의 새해

해는 점을쩍마다 그가 저지른 모든일을잊음의 큰
바다로 흘려보내지만
우리는 새해를 오직보람으로 다시마지한다
멀리 四千二百八十一年
흰뫼에 힌눈이 싸힌 그대로
겨레는 한글가치 늘고 커지도다
일허나고 없어지고 온갖 살림은
구태어 캐내어 따질것없이
긴 긴 半萬年 통트러 오롯했다
四十年 치욕은 한바탕 험한 꿈
四年 쓰린생각 아즉도 눈물이돼
이아츰 이가슴 정말 뻐근하거니
나라가 처음 萬邦平和의 큰기둥되고
百姓이 人類위해 큰일을 맡흠이라
긴 半萬年 合처서 한해 로다
새해 처음맞는 겨레의 새해
미진한 大業 이루리라 거칠것없이 닺는새해
이첫날 겨레는 손 맛잡고 노래한다

(『東亞日報』 1949. 1. 6)

忘却

걷든 걸음 멈추고서서도 얼컥 생각키는것 죽음이로다
그 죽음이사 서룬살적에 벌서다아 잊어버리고 살어왔는듸
웬 노릇인지 요즘 자꾸 그 죽음 바로 닥처온듯만 싶어저
항용 주춤 서서 행길을 호기로히 달리는 行喪을 보랏고있느니

내 가버린뒤도 세월이야 그대로 흐르고 흘러가면 그뿐이오라
나를 안어길으든 山川도 萬年한양 그 모습 아름다워라
영영 가버린 날과 이세상 아모 가겔 것 없으메
다시 찾고 부를인들 있으랴 億萬永劫이 아득할뿐

山川이 아름다워도 노래가 고앗드래도 사랑과 예술이 쓰리고 달끔
하여도
그저 허무한 노릇이여라 모든 산다는것 다 ― 허무하오라
짧은 그동안이 행복햇든들 참다윗든들 무어 얼마나 다를나드냐
다 마찬가지 아니남만 나흘러냐? 다 ― 허무하오라

그날 빛나든 두눈 딱감기여 瞑想한대도 눈물은 흐르고 허덕이다 숨
다지면 가는거지야
더구나 총칼사이 헤매다죽는 태어난悲運의 겨래이어든
죽음이 무서웁다 새삼스래 뉘 卑怯할소냐만은 卑怯할소냐 만은
죽는다 ― 고만이라 ― 이허망한 생각 내마음을 웨 꼭붓잡고 노칠
안느냐

忘却하자 ― 해본다 지난날을 아니라 닥처오는 내 죽음을
아! 죽음도 忘却할수있는것이라면
허나 어듸죽음이야 忘却해질수 있는것이냐

길고 먼世紀는 그죽엄다 ─ 忘却하였지만

(『新天地』 4권 8호, 1949. 8)

60. 忘 却

걷든걸음 멈추고서서도 얼컥 생각키는것 죽엄이로다
그죽엄이사 서룬살적에 벌서 다 이저버리고 사라왔는듸
웬노릇인지 요즘 작고 그죽엄 바로닥처온듯만 싶어져
항용 주춤서서 행길을 호기로히 달리는 行喪을 보랐고있느니

내 가버린뒤도 세월이야 그대로 흐르고 흘러가면 그뿐이오라
나를 안어길으든 山川도 萬年한양 그모습 아름다워라
영영 가버린 날과 이세상 아모 가젤것 없으매
다시 찾고 부를인들 있으랴 億萬永劫이 아득할뿐

山川이 아름다워도 노래가 고았드레도 사랑과예술이 쓰고달끔하여
도
그저 허무한노릇이여라 모든 산다는것 다 허무하오라
짧은 그동안이 행복했든들 참다웠든들 무어 얼마나 다를나드냐
다 마찬가지 아니남만 나흘러냐? 다 허무하오라

그날 빛나든 두눈 딱감기어 瞑想한대도 눈물은 흐르고
  허덕이다 숨다지면 가는거지야
더구나 총칼사이 허매다 죽는 태어난 悲運의 겨레이어든
죽엄이 무서웁다 새삼스레 뉘 卑怯할소냐 만은 卑怯할소냐 만은
죽는다 ─ 고만이라 ─ 이 허망한 생각 내마음을 웨 꼭붙잡고 노칠안
느냐

忘却하자 — 해본다 지난날을 아니라 닥처오는 내죽엄을
아! 죽엄도 忘却할수있는 것이라면
허나 어듸 죽엄이사 忘却해질수 있는것이냐
길고먼 世紀는 그죽엄 다 忘却하였지만

(『永郎詩選』 1949. 10)

발 짓

건아한 낮의 소란소리 풍겼는듸 금시 퇴락하는양
묵은 壁紙의 내음 그윽하고
저 쯤 에사 걸려 있을 희멀끔한 달
한자락 펴진 구름도 못 말어놓는 바람이어니
묵근히 옮겨 딛는 밤의 검은 발짓 만 고되인 넋을 짓밟누나
아! 몇날을 더 몇날을
뛰어본다리 날아본다리
허잔한 風景을 안고 고요히 선다.

(『民聲』 5권 8호, 1949. 8)

9. 낮의 소란소리

건아한 낮의 소란소리 풍겼는듸
금시 퇴락 하는양
묵은 壁紙의 내음 그윽하고
저쯤 예사 걸려있을 히멀끔한 달
한자락 펴진 구름도 못 마러놓는 바람이어니
묵근히 옴겨딛는 밤의 검은발짓 만
고되인 넋을 짓밟누나
아! 몇날을 더 몇날을
뛰어본다리 날러본다리
허잔한 風景을 않고 고요히 선다

(『永郎詩選』 1949. 10)

感激 八·一五

煉獄의半世紀 짓밟히어 지늘끼고도
다시 선뜻 불같이 일어서는 우리는 大韓의 홋한겨레
쇠사슬 즈르릉 풀리던 그날
어디하나 異端있어 行列을 빠져나더뇨
三千萬은 낯낯이 가슴맺친 獨立을 외쳤을뿐

疆土가 까다로운 經緯度에 자리했음 울어야 하느냐?
高句麗 新羅 쩍은 어쩌들 했던가 뒤져보렴아
聖祖 이룩하신 이땅은 天下의 陽地
三千里가적어서 恨이라면 英蘭土를 보렴아
奇蹟이아니드면 뫼실수없던 民族의 統領
그聰慧 그膽덩이 이나라는 盤石우에 선 民主保壘

벌써 倭놈과의싸움도 지난듯 싶은데
四年동안은 누구들때문에 흘린 피드냐
萬民共和의 世界憲章 발맞추는 大韓民國
民主憲法이 글으드냐 土地改革을 안한다드냐
도시 大西洋憲章이 未洽트란말이지
四十八對六 인데 六이 더 옳단말이지
鐵의帳幕은 숨막혀도 獨裁하니 좋았고
民主開放이 明朗하여도 人權平等이 싫드란말이지

四十年동안의 불다름에도 얼은 남은 겨레로다
四年쯤의 싸움이사 우리는 百年도 불가살이
이젠 벌써 是非를 따질때가 아니로다

쓸어진 同志의 죽엄을 밟고넘어서 오직 前進할 뿐
大義에죽음 永遠한삶임을 三千萬모두다 마음커니
大義大韓 그앞에 간사한謀略과 흉측한暗鬪가 있을수없다
보라 저 피로 싸인 失地恢復의 數萬旗빨
드르라 百萬聰俊의 地軸을흔드는 저盟誓를.

(『서울신문』 1949. 8. 15.)

五月아츰

비 개인 五월아츰
홀란스런 꾀꼬리 소리
― 燦嚴한 햇살 퍼저 오름내다.

이슬비 새벽을 적시울 지음
두견의 가슴찢는 소리 피 어린 흐느낌
한 그릇 옛날 香薰, 엇지
이맘 흥근 안저젓스리오만은

이아츰 새 빛에 하늘대는 어린 속잎들
    저리 부드러웁고
그 보금자리에 찌찌찌 소리 내는 잘새의
    발목은 포실거리어
접힌마음 구긴생각 이제 다 어루만저젓나보오.

꾀꼬리 는 다시 蒼空을 흔드오
자랑찬 새 하늘 사치스래 만드오

몰핀 냄새도 이저버렸대서야
不惑이 자랑이 되지않소
아츰 꾀꼬리에 안불리는 魂이야
새벽 두견이 못잡는 마음이야
한 낮이 靜謐하단들 또 무얼하오

저 꾀꼬리 무던히 少年인가보

새벽 두견이야 오 — 랜 中年이고
　내사 不惑을 자랑튼 사람
　　　　　　(『文藝』1권 2호, 1949. 9)

5. 五 月 아침

비개인 五月아침
홀란스런 꾀꼬리 소리
燦嚴한 해ㅅ살 퍼저오릅내다

이슬비 새벽을 적시울 지음
두견의 가슴쩟는소리 피어린 흐느낌
한그릇 옛날香薰이 어찌
이맘 흥근 안 저졌으리오 만은

이아침 새빛에 하늘대는 어린속닢들 저리 부드러웁고
그보금자리에 찌찌찌 소리내는 잘새의 발목은 포실거리어
접힌마음 구긴생각 이제 다 어루만저졌나보오
꾀꼬리는 다시 蒼空을 흔드오
자랑찬 새하늘을 사치스레 만드오

麝香 냄새도 이저버렸대서야
不惑이 자랑이 아니되오
아침꾀꼬리에 안불리는 魂이야
새벽두견이 못잡는 마음이야
한 낮이 靜謐하단들 또 무얼하오

저 꾀꼬리 무던히 少年인가 보
새벽 두견이야 오-랜 中年이고
내사 不惑을 자랑튼 사람

(『永郎詩選』 1949. 10)

行軍

北으로 北으로
울고 간다 기러기

南邦 대숲 밑을
뉘 후여 날켯느뇨

낄르르 낄르
차운 어슨 달밤

언 하눌 스미지 못 해
처량한 行軍

낄르! 간열프게 멀 다
하눌은 목매인 소리도 낸다

(『民族文化』 1권 1호, 1949. 9)

16. 수풀아래 작은샘

수풀 아래 작은 샘
언제나 흰구름 떠가는 높은하늘만 내어다보는
수풀 속의 맑은 샘
넓은하늘의 수만별을 그대로 총총 가슴에 박은 작은 샘
드래박을 쏘다져 동우갔을 깨지는 찰란한 떼별의 홋는소리
얼켜져 잠긴 구슬손결이
　웬 별나라 휘혼들어버리어도 맑은 샘
해도 저물녘 그대 종종거름 흰듯 다녀갈뿐 샘은 외로워도
그밤 또 그대 날과 샘과 셋이 도른도른
무슨 그리 향그런 이야기 날을 세었나
샘은 애끈한 젊은꿈 이제도 그저 지녔으리
이밤 내 혼자 나려가볼꺼나 나려가볼꺼나
　　　　　　(『永郎詩選』 1949. 10)

27. 언-땅 한길

언땅 한길 파도 파도
광이는 앞으게 맡이더라
언-대로 묻어두기 불상하기사
봄되여 녹으면 울며 보채리
두자세치를 눈이 덥혀도
뿌리는 얼신 못건드려
대 죽고난 이 三月 파르스름히
풀닢은 깔리네 깔리네
　　　　　　(『永郎詩選』 1949. 10)

池畔追億

깊은 겨울 해빛이 다사한 날
큰 못가의 하마 잊었든 두던길을 삿분 거니러가다 무심코 주저앉다
구을다 남어 한곳에 쏘복히 쌓인 落葉 그 위에 주저앉다
살르 빠시식 어찌면 내가 이리 짖구진고
내몸푸를 내가 느끼거늘 아무렇지도 않은듯 앉어지다?
못물은 치위에도 달는다 얼지도않는 날세 落葉이 수없이 묻힌 검은 뻘
흙이랑 더러 드러나는 물부피도 많이 줄었다
흐르질 않드라도 가는물결이 금 지거늘
이못물 웨 이렇고 이게 바로 그 죽엄을물일가
그져 고요하다 뻘흙속엔 지렁이 하나도 굼틀거리지않어? 뽀글 하지도
안어 그져 고요하다 그물위에 떠러지는 마론잎하나도 없어?
해빛이 다사롭기야 나는 서어하나마 人生을 느끼는듸
연아문해 ? 그때는 봄날이러라 바로 이못가이러라
그이와 단두리 흰모시진설 두르고 푸르론 있기도 행여 밟을세라 돌위에
앉고 부프론 봄물결위의 떠노는白鳥를 히롱하여
아즉 靑春을 서로 조아하였었거니
아! 나는 이지음 서어하나마 人生을 늣기는듸

<十二月 十四日>

(『民族文化』 2권 1호, 1950. 1)

千里를 올라 온다

千里를 올라 온다
또 千里를 올라들 온다
나귀 얼렁소리 닷는 말굽소리
靑雲의 큰뜻은 모혀들다 모혀들다.

南山北岳 갈래갈래 뻐든 골짝이
엷은안개 그밑에 묵은 이끼와 푸른松栢
朗朗히 울려나는 靑衣童子의 글외는소리
나라가 덩그러히 이룩해지다.

인정이 울어 八門이 굳히 다치어도
亂臣外寇 더러 城을넘ㅅ고 불을 놓다.
頹落한 金石殿閣 이젠 차라리 겨래의 香그런 才華로다
찰란한 파고다 여 우리 그대앞에 진정 고개 숙인다.

鐵馬가 터지든날 노들 무쇠다리
신기한 먼나라를 삿분 옮겨다 놓았다.
서울! 이나라의 화사한 아침저자 러라
겨래의 새봄바람에 어리둥설 失行한 少處女ㄴ들 입싰을거나.

南山에 올나 北漢冠岳을 두루 바라다 보아도
정영코 山정기로 태어난 우리들이라.
웃득소슨 뫼뿌리 마다 고물고물 골짝이 마다
내 모습 내마음 두견이 울고 두견이 피고.

높흔재 얕은골 흔들니는 실마리 길,
그윽하고 너그럽고 잔잔하고 싼듯 하지
白馬 호통소리 나는날 이면
黃金 꾀꼬리 喜悲交響을 아뢰니라.

(『白民』 21호, 1950. 3)

어느날 어느때고

어느 날 어느 때고
잘 가기 위하야
평안히 가기 위하야

몸이 비록
아프고 지칠지라도
마음 평안히
가기 위하야

일만 정성
모두어 보리.

덧없이 봄은 살같이 떠나고
中年은 하 외로워도
이 虛無에선 떠나야 될것을

살이 삭삭
여미고 썰릴지라도
마음 평안히
가기 위하야

아! 이것
평생을 딱는 좁은 길.

(『民聲』 6권 3호, 1950. 3)

五 月 恨

모란이 피는 오월달
月桂도 피는 오월달
온갖 재앙이 다버러졌어도
내품에 남는 다순김 있어
마음실 튀기는 五月이러라

무슨 대견한 옛날 였으라
그래서 못잊는 오월 이랴
靑山을 거닐면 하루한치식
뻗어오르는 풀숲사이를
보람만 달리든 五月이러라

아모리 두견이 애닲어 해도
황금 꾀꼬리 아양을 펴도
싫고 좋고 그렇기 보다는
풍기는 내음에 지늘껴것만
어느새 다해 ─ 진 五月이러라

(『新天地』5권 6호, 1950. 6)

4. 번역시

하날의 옷감(HE WISHES FOR THE CLOTHS OF HEAVEN)

W. B. YEATS

내가 금과 은의 밝은 빛을 너어짜은
하날의 수노혼 옷감을 가젓스면,
밤과 밝음과 어슨밝음의
푸르고 흐리고 검은 옷감이 내게 잇스면
그대 발아래 까라 드리련
만은, 기난한내라, 내꿈이 잇슬뿐이여,
그대발아래 이꿈을 까라 드리노니,
삽분이 밟고가시라. 그대 내꿈을 밟고가시느니.

(『詩文學』 2호, 1930. 5)

이늬스쁘리 ― (THE LAKE ISLE OF INNISFREE)
W. B. YEATS

나는 이러나 바로가리, 이늬스쁘리 ― 로 가리,
외역고 흙을 발러 조그만 집을 얽어,
아홉니랑 밀을 심고 꿀벌의 집은 하나,
숩가운대 뷔인따에 벌 잉잉거리는 곳
　　　내홀로 게서 사르리.

거기서는 내마음도 얼마쯤 가란즈리,
안개어린 아츰에서 평화는 흘러나려,
귓돌이 우눈게로 가만이 흘러나려,
밤중에도 환한긔운 한낮에 타는자주,
　　　해으름은 홍작의나래소리.

나는 이러나 바로가리, 언제나 밤낮으로
내귀에 들리나니, 그호수의 어덕에
나즉이 찰삭 거리는 물소리,
회색 鋪道우에서나 한길에 서잇을제
　　　내맘의 깁흔곳에 들리여오나니.

　　　　　　　　（『詩文學』 2호, 1930. 5）

나치反抗의노래

엘리히·와이너트

屠殺者의軍隊를쩌나라!
  ― 빛나는全獨逸兵士들에게 ―

피의 자죽은 날카롭고 역력하기 때문에 이제世界는 다시 회오리바
람같은 거짓말에 귀먹어리가 되지는 않을것이다.
  너이들이 여기서 하고있는것은
  누구의 눈도 속이지못하리라.

  가는곳마다 뿌리는 피를,
  눈속에 죽어쓰러진 處女들 우에
  그대들이 남긴 强姦의 痕跡을,
  진탕속에 그대들의 발이 짓밟은 어린것을 兵士여 그대들은 어떻게
생각하느냐?

  그대들은 그들의 아우성소리를 들었다.
  탕크와 銃砲밑에서 呻吟하는 肉體를 그대들은 보았다.
  산사람들이 烽火처럼 불타쓰러질때 그대들은 몸서리치고 말이 없었
다
  그대들의 부끄러움을 나는 아노라

  그대들로 하여금 拷問을 敢行케하고 사람을 죽이게만든것을
  그대들의 意思가 아니라고 생각함으로써

그대들은 마음의 平和를 누릴수 있었드냐?
全獨逸軍이 罪罰을 받어야할때
그대들에게는 무슨 道理가 있을 것이냐?

이미때가 느졌다고 後悔한대짜
죽어가는 犧牲者들을 바라만 보고 있다한들
그것이 무슨 所用이 있을것이냐.
傍觀하는者들이여 屠殺者들이 보내는 길을 가야함을 슬퍼한들 무엇
하는가

돼지와함께 강냉이껍질을 먹었다고 後悔한들 무엇하랴
빨리 놈들의 軍隊에서 나와버려라.
아직도 늦지않다 그렇지못한다면 그대들이 같은길을 가야만 하게
된들
어느누가 同情해줄것이냐

自由를 찾고 自由의길을 찾을 힘과 勇氣를 그대들은 갖지 않느냐?
이것이 그길이다 어찌해서 망서리느냐?
오늘바로 우리軍隊로 넘어오라
그대와 그대가 사랑하는 나라를 求해내여라.

히틀러에 對하는 獨逸兵士

「나는 나의 兵士들과 더욱 가차히 하기 위해서
總司令官의 職位를 차지하였노라」— 히틀러

이제 당신은 옳은생각을 갖이셨소
親愛하는 푸 — 러 (獨裁者) 여!
僞善者가 되지말고
좀더 가차히 오구려!

萬一 당신이 당신의 約束을 지킨다면
아직도 塹壕속엔 당신이 있을자리가 있오
뭐든지 당신이 所願하는바를 말해보시요
그러면 우리가 당신에게 드릴터이니

여기 우리는 밀짚데미에 쪼그리고 앉아있오
와서 한자리 차지하시요
그러나 조심하시요
우리들의 언 발을 밟지 않도록

여기 날고기의 샐러드가 있오
그리고 지렁이는 맛이 훌륭하지요
그리고 우리들의 아름다운 都市에서는
이(蝨)란 놈들이 安樂하게 살고있지요

당신은 담배를 피지 않기에
우리들의 꼬추를 훔치지는 않을것이요
그러나 그런것들이 必要한 사람들에겐

이곳의 生活이란 우스개 작난이아니라오

당신은 菜食主義者니까?
우리들이 먹는것도 좋아할께요
한쪼각의 고기도 없는
幸福한 아리안族들을 求景하시요

단하나 眞正한것은 羞恥뿐이요
우리들은 여기서는 언제나
다른말을 하기때문에
당신은 새로운 演說을 하지마시요

英雄의 무덤을 생각하고서
感氣도 염病도 걸리지 마시요
우리들이 집에 도라가는 날이면
당신은 어차피 오래 살지는 못할테니까

당신을 威風堂堂하게
묻어드리라는것은 疑心치 마시요
아무리 못한다해도
맵씨있는 葬禮만은 해드리지요
그건 정말로 愉快할걸요!

兵士들이여이제는아무希望도없다

兵士들이여 무서운 時期는 닥쳐왔다.
時節의 變化를 그대들은 모르느냐?
이 로씨아의 擴野는
冷酷한 監獄으로 되리라는것을

모스코마와 레닌그라드로 가는길은 죽엄과 熱病의 길
가을이 온다 진흙과 더부러
겨울이 온다 永遠히 가지않을 겨울이?

귀밑까지 눈에 빠지고
다시는 補給도 인지못할.....
빠전지 못할 진흙과 움지기지 못할어름 그밑에 길은 파무치게될것
이다.

사정없는 바람을 막어줄
지붕도 마룻바닥도 없이
爆彈洗禮의 標的이 된채
그대들은 들판에 쪼그려만 있을것이다.

無情한 어둠 속에서
그대들은 잠조차 이루지 못하리라
빨치산은 숲울 속에 潛伏해있고
그들의 銃소리는 그대들을 威脅할것이다.

彈丸도 빵도 없기때문에

慌急한 退却이 始作될적에
그대들이 죽을 그때까지 限死코 追擊하면서
빨치산은 그대들의 가죽을 베끼고야 말것이다.

그대들손에 아내와 子息들의 生命을 빼낀
그사람들은 조곰도 너이를 용서하지않을것이다.
설사 그의손을 빠져나온다한들
굶주림과 추위가 그대들의 목숨을 빼앗고야 말것이다.

廣漠한 로씨아의 무덤 以外엔
兵士들이여 이제는 아무런 希望도 남지않았다.
얼어맞고 굶주리고 종사리를 할
그러한 死滅을 누가 願할것이냐?

死滅 暴壓의 旗빨이 찌끼울 바로 그때
그대들은 再生하는 獨逸의 光明을
어떻게 볼수 있을것이냐?

平和와 빵에로의길은 단 한길이다
銃과 칼을 버려라
故鄕에로 가는 그대들 앞길에는
죽엄이 기다리고
우리의 앞길에는 生命이 기다린다!

「나치反抗詩의後記」

　이詩人 엘리히·와이너트는 二次大戰 當時 히틀러獨逸軍을 脫出하야
쏘베트軍隊에 亡命한 詩人으로써 여기 譯한 詩 三篇은 리프뎃트로 印
刷해서 쏘베트飛行機가 나치軍隊上空에서 撒布하야 驚異的인 效果를

거둔詩다. 죽은 獨逸兵士들의 후주머니 속에 이詩들이 감추어저있던것이 發見된것이다. 脫走兵과 捕虜들은 이詩에서 받은 影響을 말한바있었다한다. 어떤 捕虜 한사람은 잡히자마자 卽時 종이를달라고 請한다음 아래와같은 편지를 썼다한다.

親愛하는 와이너트 동무여

한無名의兵士로써 저는 당신의詩를 몇 읽을 機會를 가졌읍니다. 저는 다만 당신이 내가말하고싶어하든것과 똑같은 말을 했다는것을 말하고 싶습니다. 近二年동안이나 저는 家族을떠나 兵士로써 服務해왔는데 아즉도 平和의希望은 없읍니다 獨逸軍隊가 머지않아 覺醒해서 그들의 銃뿌리를 뒤로 돌리게됨을 期待합시다.

우리들의 원수는 로씨아에 ― 로씨아는 우리를도아주려하고 있읍니다 ― 있는게 아니고 따라서 저는 히틀러가 이싸움에지고 그리고 우리가 解放된獨逸에 도라갈수있게 될것을 期待합니다.

捕虜收容所에서 人事를 보내며

왈더 윈렐버그 (三六師團 一一八地域聯隊)

(『新天地』4권 3호, 1949. 3)

제 2 부 영랑산문집

1. 수필
2. 앙케이트 응답 및 서간

1. 수필

감나무에단풍드는 全南의九月

이봐요 저 감이 이하루이틀 아조골이 붉었구려 아즉 큰바람이 일지는않겠 지요 참 그보다도 저 감닢 물든것좀 보아요 밤ㅅ中에 들었는가 새벽녘에 들 었슬가.

이번은 그 첫물드는 꼭그시간을 안노치고 보리라했드니 올해도 또 노첫구 려 감닢은 퍽은 물들기가 좋은가보아 그러기에 보리라 보리라 별느는 내눈을 기현이 속이고 어느틈에 살짝 물이드렀지 그옆에 동백나무는 四時 푸르고만 있자는가 만일 동백이란열매라도 맺지안는다면 저나무는 참으로 이 가을철을 모르는 숭거운 나무지요 아닙니다 아닙니다 四時 애가없이 푸르靑靑하고 있 대서 숭겁달나무는 아닙니다 그동백이 바로그적게버텀 十字로 쫙쫙 버러지지 않었읍니까 그둑거운 푸른겁질이 쫙버러지면 깜— 한알맹이 동백이 토르륵 하고 빠저쏘다지는데 풀우에꿈을 맺는 이슬이 같이 구르지오 달ㅅ밤에 감이 툭툭 떠러저선 깨처지는 이슬이빗나는것도 조치만은 동백한알이 토륵 하는데 그이는 고개를 슬적들고 그 서슬에나는 흘깃 건너다보고 그 밤은 무던히 좋 은꿈을꾸며 자는적이만습니다.

그 불타는 꽃의정열에 비기여 그알이하나 빠지는것은 어찌그렇게도 枯淡한 가! 하날에 별이 포감포감 백였드시 새빨간꽃이 포기포기 그시푸른닙새마다 하나씩 맛물고 맛물니우고 있지않었는가 동백닢같이 징허게 푸른닢은 없읍니 다 동백꽃같이 징허게 빨간 꽃은 없읍니다 동백나무를 어느 뉘가 花草로可賞 타하야 갔굴까요 내마음과뜻이 작고작고 退色하여 가는때 다시물드려주고 되 살여주는 내生命의나무인것을 그동백이 깜한겁질에싸힌 씨가있고 그놀미한 씨를 짜면은 기름입니다 그 기름이 그이의 검은머리칼을 윤내여주는줄은 알 지만은 과연 귀여운 요새女人네들이 발느시는지는 모를일입니다 동백닢과 꽃 에 그리도만히 길니운 내마음이 그닢과꽃의 정열보다도 그알의고요히 빠지는 靜寂을 이대지도 조하해겄을가 스스로 의심스럽소 달이밝고 바람은 살내살내 홀러드는서느란 九月밤이요 마루깐에각금 한마리씩 좃기여드는 모기를 날니

면서 핼슥 해여저가는 구름이나 보랐고앉었노라면 밤도깊읍니다 동백은 바로
풀우의 이슬우에받읍니다 톡 토륵 토르륵 셋이 빠진듯하면 좀사이를 둡니다
다른놈이 또빠질그사이가 좀떠러지는것이 오히려 더신통하오 이러서서 안나
어갈수없나이다.

달빛이 희고 이슬이 빛나는데 토륵하는 동백 한알 天地의 오묘하고 신비함
이 이밤 그나무그늘밑에 있는듯싶읍니다 나는 눈이 어둡지않어 이렇게 좋을
대가 없소이다 귀가 맥히지않어 이리 福될데가없읍니다 나는 내고양이 동백
이 클수있는 南邦임을 감사하나이다 닢과꽃의 그봄이 시들었음이 아니로되
동백한알이 빠저 이긴밤이 이리고요하고 느껴움은 이철 九月이주는 은혜이외
다 어리석은 나히는 작고느러슴은일도되오만은 그나이를 안먹고 있으면은 보
다더 슲은 일이지요 漠然하게나마 人生의 깁숙한맛은 나히가먹어가야만 정말
맛볼것만 갓소이이다 차차 봄을떠나는맛이요 웃웃벗고 푸대님으로 거닐는 맛
이요 말없이 마루깐에 혼자 앉었는맛이지요 비록 「옷을 버서갈수록 옙버가는
내女人아」 하는 그 裸體禮讚은 아닐지라도있다금 벌거숭이로 거니러보구싶은
때가 있소이다 九月에 감이나 동백만이 열매오니까 五穀百果지요 뜰앞에 銀
杏나무는 우리父子가 땅 파고 심은지 十七八年인대 한아람이나 되여야만 銀
杏을 볼줄알고 기둘니도 않고있었드니 千萬意外 이 여름에 열매를 매젔소이
다 몸푸래야 뼘으로 셋하고半 그리크잖은나무요 열매래야 銀杏세알 인대 全
家族이 이렇게 깊을때가없소이다 의논성이 그리자자지못한 아버지와아들이
라 서로앗대고 깃분채는 안치만은 아버지도 깁버합니다 아들도 깁버합니다
엄마가 게시더면 고놈 세알을 큰섬에너허가지고 머슴들을불러대여 가장묵어
운듯이 왼마당을 끌고다니시는것을 봄에 銀杏닢은 송아지 첫불나드시 뾰족하
니 돗기시작하여 차차 나팔같이 벌어지고 한여름은 동백닢에 못지않게 強烈
히도 太陽의게 挑戰하고 이가을드러선 바람한번에 푸름이 가시고 바람한번에
왼통 놀 ― 해지고 바람한번에 아주흐터지는데 다른丹楓같이않고 순전이 놀
― 한빛이 한닢두닢맑은 虛空을 나르는것은 어떠타말슴할수없읍니다 老齡이
신 아버지라 말슴이없고 괴백인 아들이라 말이없고 五十生男쯤되는 이열매를
처음보고도서로가 은연히깁버할뿐이외다 어린 놈이 「그銀杏 익으면 祖父님祭

人상에 놀래요」하는대는 破興아니할수없나이다 이아츰에 동백이 또 토륵하
는통에 내 맨발노또금빛이술을 께침니다 淸明을 드리마시며 거념니다 시-실-
호-ㄹ 호르르르 저 대삽(숲) 속에서는호반새가 웁니다 碧眼黑毛 긴꼬리를달
고 날으면 그림자만 알늉거리는것같은 호반새 종달이 소리갓고도 더맑고 꾀
꼬리소리같고도 더점잖은가락은 요새아츰마다 연약한 베레소리를 누르고 斷
然 하이든의 안단태 칸타빌을 노래합니다 아츰마다 참새들은 집에부터있질않
읍니다 고놈들의 넓은牧場이 있는탓입니다 후여 후여 후여까가 후여 새를몰
고쫏는 소래올시다 어떤때는 예사로 멋도있시들니는 후여까가 그애들의 헐버
슨옷이 축축 느러진 벼이삭과 함께 아츰이슬에 후줄근히 저졌을것입니다 나
락을 심어먹기시작한때부터의 이후여까까소리 萬里異域을 가시더래도 이가을
아츰이 되면 귀에닉어 쟁맹할 그소리는 우리들의 살속깊이 숨여든지 벌서 오
랜옛날이외다 대삽에서 우렁찬바람이 터저나옵니다 지용의 「청대나무」입니다
대에나무를붙어서 읊는 지용은 용하게도冬柏을 椿나무라 읊슴니다 대나무의
故庄인이곳에선 三尺童子래도 대지대나무는 아니합니다 그대밭이 하도많이 큰
게있어서 한洞里의 한村落을 흔히웨싸고있읍니다 그대밭을 대샆이라부르지오
竹筍이 송아지뿔나드시 나오면 한자 자랄녘에 끈어서 나물을 만드러먹는대 그
맛이 天下逸品 그리하야 平壤서는 굳은큰대를 잘너서 삶는다는가봅니다 「이른
봄 三月이니 南道에는 竹筍이 났것다」고하신 詩人이게신듯하나 竹筍은 六月
初에야 地殼을뚤고 나옵니다 그놈이 竹筍일때에 다커버리고 二年이되면 다굳
어버리여 雪風을익여냄니다 「눈마저휘여진 대」의 時調가 생긴탓입니다 九月
仲秋明月 이곳男女젊은이의 盛事는 「강강수월내」의 圓舞會와 壯丁들시름판이
외다.
　婦女의圓舞會는 새벽한時頃이면 해여지지만은 시세워서들 盛裝을 꾸미고
出會하든양이 볼만하고 壯丁들의 시름판은 밤을세우고 東天紅이되드레도 좀
예끗나지를 안습니다 大槪는五六日쯤 같은期間을두고 農村壯丁婦女는 年中
가장 유쾌합니다 그도 그럴일이지요 五穀이 다익엇거던요 明月은 그럴듯이
젊음을 꾀여낼만하거든요 아모턴 이두行事는 이곳의아름다운 情調를 가장많
이 가지고 있읍니다 자! 九月도 느저갑니다 마루끝에 발 — 을 거더쳐 웁시다.

都市말로 하이킹을 나서볼까 精兵五六人 손끝에날낸 대槍을 지녔소 곳 山에오르는 스틱이요 밤 까는 槍이외다 背囊에 술을널것은없읍니다 山中에라도 술ㅅ잔이나 주는사람이 없을나구요 술ㅅ잔이나마시면 익여논 六字백이가 가을하날에높이 뜹니다.

平地에서 바래다보아도 그톱니같은 山봉오리들 발밑이 간지러운 月出山은 丹楓의불타는 골짝이로 째였고 그天王蜂 九鼎蜂에서는 논文書를 올여다가 子息들 불너나눠주고 千萬代孫孫 莫登月出山하라고 遺言하신 君子가 게신만치 險한 곳이지요 尹孤山은 月出山時調로 무던히 사랑했든곳이오 그山 뿌저리에 無爲寺있고 吳道子의 壁畫가 絶品입니다 丁茶山이게시든 百蓮寺는 南쪽 九江우에 웃득소슨仙境이요 竹島앞에 每日배타고 日月을보낸 茶山의 늠늠한風貌를 그려볼수있나이다 古來數百年 이江물우를 배타고 適所참하신 恨많은선비 얼마나 많았을까 南兵使營이든 兵營平野에 京兵士兵의 操鍊소리도끈치고 그뒷 修人山城도 가을丹楓만 곱습니다 所屬을 長興과다토는 東南의天冠山에 흰 手巾쓴虎狼이 白晝에 도라다니시고 그山밑에 靑磁器굽든자리가있읍니다 科學者들이 그 山흙을 더러가지러 오고 採掘이 尙今도 盛行하오골의 主峰報恩山 牛頭峯에 가을의 精氣인듯 쫙 깔닌 山菊花를 깔고안저 四面을 구버보면 一幅 山水圖에 드러앉은 仙人이요 九江이하얏케 흘너흘너 濟州에이름을 봅니다 그대로 외줄기峰을 타고 白頭山上峯까지 三千里 기여오를것갓소이다 康津海南을 아실이가 드물지요 慶源鐘城을 잘모르드시 그러나 거기서여가꼭三千里 쩔움고 좁아서 우리의 恨이 생겼는 것을 더러 서울친구들은 地圖를 펴놓고 멀다멀다 오기를 무서워하나이다 故鄕사리 十餘年 옛날의 思鄕歌懷鄕病은 찾일수없소 오히려 멀리 他鄕가게시는 竹馬故友가 그립어지고 그리하야 登山隊員이 차차 줄어드는 世上이되고 보니 고향이랬자 쓸쓸할뿐이외다 올해도 강강수월내 시름판은 못설겝니다 이가을도 쓸쓸하지오.

（『朝光』1938. 9)

朴龍喆全集 1권 後記

龍喆이 龍喆이 다정한 이름이다. 스무해를두고 내입에서 그만치많이 불러진 이름도 둘을 더곱아 셀수없을것 같다. 二十年後 처음으로 벗을 알게되면서부터 그이름을 부르기시작하야 나는 여태껏 가장 허물없고 다정하고 친근하고 믿어운 이름으로 龍喆이 龍喆이 불러온것이다. 아! 그가 영영 가버리고만 오늘 나는 그대로 그 이름을 자꾸 불러보아 오이려 더 친근하고 다정하야 혓바닥에 이상한 味覺까지 생겨나는것을 깨닫나니 아마 내 平生을 두고도 그리 아니치 못하리로다. 龍喆이 龍喆이 서로 異域하늘밑에 서툴은 옷들을 입고 손을잡아 아른체하던 바로 그때부터 가장 가차웁고 친한사람이 되었었고 한솥에 밥을먹고 한이불속에 잠을자고 한冊을 둘이 펴던시절이 무던히 길었었나니 실상 벗은 그때 아직 文學이니 詩니 생각도않던때 내 공연히 벗을 끌어들여서 글을 맛붙이게하고 글재주를 찾아내려 하였던것이니 지금 생각해보면 나는 一生에 큰 罪를 지어논듯싶도다. 벗이 學園의 秀才로 이름이 높고 特히 數理의 天才로 敎師의 칭찬이 자자하던때 나는 적은 惡魔와도같이 그를 꼬여내여서는 들판으로 산길로 끝없이 헤매이었던것이다. 친한 벗이 끌어당기면 허는수도없었던가, 江南도 가지 않었느냐? 언덕에 송아지는 어매팔아서 동무 사달라 한다지마는 내벗 龍喆이가 數學을 팔아서 동무를 사놓고보니 암짝해도 못쓸놈이었던것이다. 「允植이가 나는 誤入을 시켰다」는 말버릇을 最近까지 작난삼아 한적이있으니 果然이냐 벗아 文學은 벗의 第二義的인 人生部門으로 누리어도 좋았던것일까? 더구나 벗이 이리도 일즉이 가버리시니 긴 平生을 두고 걸어서 大成을 꿈꾸던 그때와 나의 恨 中의恨이 아닐수없도다. 벗과 서로 시골사리를 하여 百餘里길을 새에두고 가고오고 하던시절 벗은 詩를 비로소 썹어맛보시더니 不過 몇날에 千鈞名篇을 툭툭 쏟아내지않었던가! 벗의 文學은 그 다음이라치더라도 벗의 詩는 完全히 그 故鄕사리 三四年새에 이룬것이다. 一家를 이루어 世上에 나서기까지 벗의 唯一한 글벗이었던 나는 벗의 詩業修練의 道程을 가장 잘 살필수있는 百餘通의 편지뭉치를 (戀書같이 보배

같이 애끼고 간직해온뭉치) 벗이 살아계실때나 가신 오늘도 가끔 풀어서 읽어보아 아기자기한 기쁨을 맛보는버릇이 있지마는 실로 한詩人이 커날제 그이만치 부지런하고 애쓰신이도 있는가 하여 새삼스레 놀라는것이다. 스스로 내놓으신 名篇佳作을 그는 매양 사양하고 不足히 여기던가하면 남의 詩한편을 부뜰고 그렇게 샷샷치 고비고비 뒤집고 파들어가서 完全히 알아버리고 맛보아버리던 그의 天才型의 머릿박속에는 이세상의 이른바 名詩가 거이다 한번에 노래하고 춤추고 있었던것이요 그리하야 그의詩의 水準은 속에서 크고 남이 알배아니었으니 日朝一夕에 雄篇이 쏟아져 나옴도 괴이치않은 노릇이로다. 오늘날 우리詩苑의 名花요 또 唯一한 詩論家로의 地位를 占하야 그만한 擔當을 快히 해내려온것도 決코 偶然한일이 아니요 옛날의 數學을 아주 팔아 없앴음이 아님을 알수있으니 내 贖罪도 좀은 되었다할까. 二十前에 어느자리에서 文學을 경멸해버린일이 있었던 그때가 바로 얼마前 十年을 더살자, 詩를 爲해 十年을 더살자, 하지않았던가. 音響에 귀가 어둡다고 못마땅해하던 벗이 넉넉히 詩句의 音響的連絡을 한번 캐어보고 다알지않았던가. 自身 非情緖的임을 한탄하시면서 어쩌면 그리도 넉넉히 芝溶의「유리창」을 샷샷히 캐고 解釋할 수 있었느냐. 아! 벗이 가신뒤 또 그만한일을 우리를 爲해 해주실이 어디 있단말이냐. 오늘 우리의 詩苑은 한詩人의 죽음으로 두가지의 크나큰 損失을 입은바되니 어찌 痛歎아니하랴. 或은 모른다 벗은 그 特異한 天才가 오이려 그의創作을 괴로움게 하지않았는가? 그러나 우리는 그의「떠나가는배」와「밤汽車」두편만 읽을수있드라도 그런 재앙은 애당초에 받지않았음을 알수있다. 그의 어느詩한편이고 이른바 短命的인句가 아닌것이 없었지마는 그리하야 오이려 詩로써 아름다웠든가! 이 두편詩는 詩人龍喆을 말할때뿐아니라 통털어 우리抒情詩를 말할때 반드시 論議되고 最高의讚詞를 바쳐야될 傑作이라할것이다. 벗의 傳記를 쓰는배 아니매 이두편이 나오던시절 詩人이 겪은 苦悶이며 乃至 生理까지를 말하기에는 나로서는 첫째 눈물이 앞서 못할일이니 고만두기로한다. 벌서 十年前 일이로다. 우리는 서울로 芝溶을 만나려 왔었다. 그렇다 순전히 芝溶을 만나려왔었다. 芝溶을 만나서 서이서 이러서면 우리 抒情詩의 앞길도 찬란한 꽃을 피게되리라는 大望! 써 可賞치 않았느뇨. 그때의 芝溶

은 벗 龍喆과 같이 살도 변변히 찌들못하고 한房에 앉아있으면 그 마른품으로 보든지 才操가 넘쳐뵈는點으로 보든지, 果然 天下의 好敵手로 여겨지던때이다. (그뒤 芝溶은 뚱뚱해지고 龍喆 벗은 더 야위만 갔다.) 勿論 芝溶과는 둘이다 初面 그 初面이 하루에一年, 열흘에十年의 誼는 생겼던것이다. 그뒤의 兩友가 얼마나 우리詩를 爲하여 애쓰신것은 다른 벗들이 다 아시는바이다. 나는 莫逆 龍喆을 생각할때 그 天生 浦柳의質임을 이기고 어쩌면 그렇게도 굳세게 詩에의 信念을 가질수있었는지 부러워하며 眞實한 詩의 使徒이니라 여겨왔다. 내가끔 自己詩에 失望하여 지치려할때 벗은 過한激勵로 부뜰어주고 내 自由詩의 理想으로 한詩는 한詩形을 가질뿐이라는 儼然한 制約을 세우고 안쓰여진詩 形을이루기前의詩 오직 꿈인양 서리는詩를 꿈꾸고 眞正 詩人은 詩를 쏠수없어도 좋으리라고 까지 떠들지않았던가. 벗은 내 虛妄된 소리에 열번 支持를 表明하여주셨으니 그리함이 나를 건져주는 좋은 方法도되었던가아!

 어려서 한솥밥 한글방 친구가 나이먹어가며 가장가차운 詩友가 되고보니 나는 이에서 더 幸福일수없었다. 그리하야 이제 나는 完全히 薄幸한 사람이로다. 아! 이 恨이 크도다. 그아침에 椿丈을 뵈옵고 기쓰고 沈着하려던것이 끝내 흐느껴져서 우름이 터지고 벗을 땅속 깊이 묻고 밤中에 山길을 쳐서나려오던때 몹시 쏟아지는 눈물에 발을 헛딛던일을 생각하면 벗이 가신지 겨우 한철이지난 오늘 이러니 저러니 차분한 소리를 쓰고있는것이 내自身 무척 우습고 지극히 賤한노릇같이 여겨진다. 일찍 妻를 여워보고 아들도 놓쳐보고 엄마도 마저보내본 나로서는 重한사람의 죽엄을 거이 겪어본 셈이지마는 내가 가장 힘으로 믿던 벗의 죽엄이라 아무리 運命이라치드라도 너무 過한노릇이아닐수 없다. 永訣式이 끝난뒤 芝溶과 단둘이 나종에 남았을때의 호젓함 남은둘의 心思야 누구나 알법도하지마는 「이번은 꺼꾸로 가지말고 내 먼저갈걸, 처음부터 거꾸루니 내먼저가지」 이런問答을 한일이있다. 아무래도 좋은말이다. 벗을 불렀자, 대답없는 세상아니냐. 온갖 다 그릇된 세상아니냐. 벗이 이제 詩王이 아니시니 또 뉘가 「勳功에衣하야 너를 元老를 封하리」요. 슬픈노릇이다. 아들을 가장 잘 理解하시는 어버이가 계시고 그밑에賢夫人이 계시도다. 벗아 눈을 감

으라. 세 아들은 三太星같이 빛나고있나니 生前에 芝溶과 내 그다지도 勸하여
도 종시 拒絶턴 그대의 作品集이 이제는 遺稿集으로 누구의 拒絶도없이 우리
의손으로 째여나오도다. 그대 그몸 해가지고 무던히 많이 써놓았던것을 누가
알았으랴. 가장 가차운 夫人도 놀라시지않느냐. 카렌다 조이쪼각에 끄적여둔
것을 주어모아도 逸品이요, 휴지통에서 건져낸것도 名편이로다. 泰西名詩의
譯出한分量을 보고 누가 안놀랄것이냐. 아무턴 그대는 너무도 몸을 虐待酷使
하여 아낄줄을 몰랐느니라. 너무도 일밖에 몰랐느니라. 아! 그대의 가심을 서
뤄하고 慟哭하고말것인가? 나는 그대가심을 원망까지 않을수없다.

戊寅 十月 벗의全集이나는날 永郎 씀

(『朴龍喆全集』 1권, 1939. 5. 5)

杜鵑과 종달이(上)

　간밤노름이 조곰지나첫던 것이다 새벽역에 물그릇을 찻노라 더듬거리다가
뷘놋대접만두어번 만젓을뿐 떠노앗던물은 여페 코고는친구가 어느새에 처분
해버렷던고 뷘그릇들고 새암으로 허청거름을 바삐걸다말고나는 새옴나와 하
늘하늘한 百日紅나무겨테 딱부터서고 말엇다 내귀가 쩨앵하니 질닌까닭이로
다 밝은달은 새벽갓지도안타 좀서운하리만치 자리를멀니옴겻슬뿐하눌은 전혀
바람과空氣가 차잇지를안타 온전히 기름만이 흐르고잇는새벽 아 ― 운다 두견
이 운다 한五年기루던 두견이운나 하눌이웬통기쁨으로 液化되여 버린것은 첫
재 이달비치탓도 탓이려니와 두견의 蒼然한우름에 푸른물든山川草木이 모다
흔들니는 탓이요 흔들닐뿐 아니라 모다 재가끔 푸른 精氣를 뽑아 올리는 탓
이다 두견이 울면 서럽다 凄然히 눈물이 괴인다 이런 조고만한 시굴서는 아
여 울어서는안될 새로다 와직근 깨여지는고로 그두견이 비저낸故事야 만타
어려서들은 글ㅅ귀로 杜鵑啼 杜鵑啼 夜三更 花一枝란것인데 첫날밤童貞處女
가 서서주고바던對句로 白驪飛 沙十里 波萬頃이라 아마 南邦어느시굴서 그童
男貞女는 이五月의 조혼새벽을 한업시 질겻던 것이다 두견은候鳥라 이곳이라
고 해마다와 울어주지는 아니한다 五月에와우는 것이 特徵이로되 여러햇만에
한번씩몰려와서는 봄내 울곤 여름이 거의 늦도록 우는수는잇다 그러므로 이
새벽가티 술취햇던덕에 뜻박게 그첫소리를 듯는수도 잇지만은 거의 히귀한노
릇이다 올해는 오긴확실히왓스니 가끔울리로다 이제三更이니 四更五更도 잠
은고만이다 그리고 저녁마다 새벽마다 매양 그우름소리에 잠자고 기내기는
틀렷나부다 이봄은 아모다른 理由업시 그저 두견때문에 밤잠을잘 잘수업게된
셈이다 밤잠못자고 아츰늦잠이나좀 자질까 그도또 틀린셈이니 두견은 黃昏으
로 새벽녁까지 울지만은 아츰날비치 막도처오르느라면 이놈은바로 홀란스럽
게 미칠듯이 노래를부르는데 五月을 天下外物은 다제처노코 저혼자 질기는
다는듯이 노래를 퍼붓는쬐꼬리 시골이란 원체 숩이 만코깁고하야 그숩은 그런
貴한 손들을 품에안고 잇는것이 자랑이요 숩을 으지하고 사는 싀골사람이야

새벽잠 아츰잠을 못 자기로 어듸 원망할듸도 업는 처지라더러 낫잠쯤 자는것
이 흉될것도업다 하겟다 五月은 두견을 울게하고꾀꼬리를 미치게하는 재앙ㅅ
달 더러는 사람으로하여곰 過한脫線도 하게하지안는가 두견은 하눌을 液化시
키고 사람들을 그곳神秘한 深淵에 허덕이게하여 어듸까지던지 人間的이라 볼
새로라 오! 꾀꼬리야 날어서다리고가라 네고장이 어듸고 꼭잇슬것이로다 너
도候鳥로다 까막까치 가치 年中 뒤원에이찔안코 이五月에오면 여름나고 조금
산들해지는첫가을들어 너는 늬고장으로 가느니 그고장이 어디냐늬목청에서
피어나는 흰구름송이 그속이냐 사람이 살지안는 이른바 仙境이냐꾀꼬리는 두
견과는 相剋이여 全然非人間的인點이 우리젊은사람들의 꿈을 모조리차지하고
잇는상십다 꿈이업시 살수 업는사람 혼이는 그꿈의 날개는 現實의 모진매에
후들겨 축 느러진배되지만은 오늘은 모엿다 푸른잔디우에 나란히누어서 쌍쌍
히 노래하는 꾀꼬리를 듯고 코를찌르는 아카샤 고련근의 철마진 꽃내음새를
숨막히도록 마시며 꿈의물결이나 흐르는듯한 봄하늘을 우러러보고 잇지안느
냐 오! 친구야 現實은 무섭고 괴롭도다 그러키로 우리가 그새이하로 이시간을
어찌가찌 못하랴 어듸까지던지 現實은무서워 별이나 달이나 해나 그꼴을보고
는 상을 찌푸릴것이로다 우리아들 또 그 아들이 우리가티 또한 슬퍼하고 허
덕이고 敗北함을 보고는 상을 찌프릴 것인가 現實이 무서웁다니 사람이란 창
자를 웨한가닥만 가젓느냐 斷腸할것도 업시 變通하면 고만인것을 이世代에
태여난 불상한 天才들이 허덕이다 못해 모조리 變通하지 안헛느냐 그들은 白
痴가 아님으로 스사로 경멸하게되고 스사로 뉘치게 될것이냐 어디까지나 외
가닥창자를 두가닥으로 變通해쓰고도 意氣揚揚할것이냐

(『朝鮮日報』1939. 5. 20)

杜鵑과종달이(下)

五月이되면 사람들은 좀더 멋대로 뛰고십고 제몸을좀 달리 만들어보려는 念願에 타는듯십다 바다에서는 돛 노피달고떠나 解放되고십고 땅에선 노피 山봉오리 더우의 구름속이라도 들고십흔超脫慾이 이는가십다 사람으로 살랴 면 오로지 떳떳해야 시원하고 그러랴니 現實이 아프고 그래 우리는 어린子息 들을 두고 차마 눈을못감고가는게지 그子息들의 世代는 어떠할고 꾀꼬리의 種族들도 보아다고 아배가티 눈못감고 가든가를 月桂 四桂 해당화 각기 香合 을차고 香을풍기는 꼬츤點이로다 새순도또한 點에서비롯햇스나 벌써 點이아 니오 線이로다 液이로다 실개천인가하면 푸른江물이라 인제 넓은바다를 이루 랴고한창 철철흐르고잇는新綠 대스님은 입새마다 新舊가서로바꾸어지고 竹筍 은 地殼을 펑 뚫을려고 모든힘을 한데모아 待機하고 칙넝쿨은 배암가티 지긋 지긋 얼켜진다 암만 보아도 秩序와制約이 업는상십다 안만 보아도 秩序와 制 約이 잇는상십다 五月의 薰風이어디서 처음일어나는지를나는 안다五月을아침 아지랑이가어디서 처음깔리는지를 나는 안다 돛은유달리후하야코山봉오리는 오늘밤에라도 어디고 불러가실듯이 아양에 차잇다 千이랑萬이랑 보리바티 한 결로흔들리면 이랑마다 이랑마다 해스비치갈라지고 쪼개지고 푸른보리스대는 부끄려운허리통이들어나지안느냐 그새에 五月의 종달이산다 五月도느저야 이 놈이 노래한다 물갓에나 山골에서나 밧이랑에서나 각각 멋대로 사는종달이 밧이랑에서 사는놈이 사람의발치에 가장만히 쫏기는놈이다 두견가티 서럽지 안코 꾀꼬리가티 황홀하지안허 잔잔한물소리나 다를배업는 그노래는 가장일 마즌 이五月의 標徵이라할수잇다 거름을멈추고 재재거리는종달을치어다본다 워-스워-뜨의 크게느낀바밧이랑가의 어린少女의 외로운코노래에는 내 아직興 겨워 보지못하엿느니킷-스의나이팅겔(꾀꼬리?)에醉한까닭인가 내아즉 사람이 덜되고만 탓인가 大自然詩人 워-스워-뜨 少女의코노래가 그다지도 興겨워서 無比無上의노래로 되엇다는것을 나는지금까지도 解得치못하고 잇는터이다 바 닷종달은 돛을따라 오르내리고 구름따라 숨고 나지마는 종시노래를 멈추지안

는다 무던히 재재거리기를 조하한다 그래도 드를때마다 새롭지안흐냐 내戀人
이 일찌기 종달새가티 재재거리다가 내게責을듯고울던 시절도 이五月 두리서
山봉오리노피 안저 石衣를 따담다가 재앙을 부린것도 이五月이로다 온갓 풀
내음세 꽃香기에숨이막히여 거름도거닐수업는 五月의골목길 맛나는 사람마다
부끄럼인지 기쁨인지 分明치안흔 態를하고 피하드시 비켜가면 안옥한곳잔디
우에는 제법 노름판이버러지고 長鼓를처 興을도으며 소리를질러 名唱을뽑낸
다 웬만한 舍廊간이면 半白老人들은모여안저 風月時調風流가 버러지는것을보
면 우리고장은 모두들太古ㅅ적 사람들만사는가십다 다드미잘된 모시겹두루마
기를 입고 거름거리도 太古ㅅ적그대로 欄干에비껴안저 글을읊는光景은 이고
장五月風景의가장노픈場面일것이다 모시다드미옷맵시야 우리衣服文化가 가장
자랑할수잇는 것의하나로다 高雅하고 아주朝鮮的인것이 다른비단옷이敢히 견
줄배못된다 서울의거리에서야 하로인들 그高雅한態를 保存할수잇스랴 몬지와
煤煙이 더퍼씨우고 하드손 린칸 이달리는그새에 그리어울릴수는업스나 더러
길거리에서만 내뵈오면 千年前新羅양반이나 高麗양반을 對한듯한느낌에 위하
고 앗기고십흔생각까지든다 안악네들이 잔주름접은 軟玉色모시치마를 입으시
고 골목길을나서는것을對할때 내눈아페는 저멀리 하얀山길이 구비구비 흔들
려들어오고 느러진버들가지미틀 키적은 나귀가방울달고 게을리거러가는幻影
이 나타나서 바로그나귀잡어타고 어듸고 가고십흔衝動에 못니기나니 나귀를
타면 어듸로가랴 그宅門前에 내나귀매일垂楊이 잇드냐 이철五月가티 中古風
物에의 追慕와 憧憬이목마르도록 치밀리는철이 또 잇슬까 허는수도업다 모시
겹이나 대려입고 버들가지 미테나 서볼까 서투른거믄고나타고 이철을보낼가
更少年心하는 이철기는 모든 사람의 祝福을바들만하다

(『朝鮮日報』1939. 5. 24)

人間朴龍喆

龍兒가作故한지도 임의一年有半 햇人수로날人字도 얼마오래되였다구야 하겠느냐만은 봄철가을철 철따라 서울올너가서 마음껏몃날씩 질기고도라오든일을 생각하면 벌서昨年봄을最後로 그의音聲을못듯고 그의모습을 못대한지가퍽으나 오랜옛날가치역여진다. 옛사람일수록 기러지는가을! 昨年가을만해도 바로벗이 居據하든두間房을 내가혼자쓰면서 그의손때무든 조히자박을 주무르며 遺稿를整理하노라하였으니 오리혀벗은 내곁에있는성싶었고 遺兒들을 어루만지며 벗의모습도 對하는양하였었다. 이가을들면서부터 울적생각키는것이 벗이요. 귀에앵— 도는것이 그의音聲인데야 멋할때참으로 못견될만치 世上이虛無해지고 孤寂해진다. 가는마음이없고 오는마음이없으니 허무하고 고적할박게없다. 벗과사괴여 二十年 서로거스림없었든사이 이젠때때로 떠오르는面影을幸여 사라지지않케라 생각을모두워 瞑想에잠기곤한다. 龍兒가 아즉中學生때 同班우리學生들의詩會? 가열였든席上 어느동무하나이 卽興으로「푸른하날에서 하얀눈이내린다」하였을때 벗은 그동무를바로보고「눈이 내리는대 하날이 어찌푸르오」하자 座中은 우슴이터진일이 있었다. 詩句가 되었든안되었든 그것을케는것이 안이였었다. 푸른하날에서 눈이나릴리없어서 그런質問을 한것뿐이다. 四年때에 一高에失敗하고 五年마치고 外語獨語部에無難히 들었는대 五年때 꾀태 하이네를처음읽은탓으로 꾀테때문에 外語獨語部를 들었노라고 나의게씁넬때는 제법文靑같은 소리를 하는것가터서 壯해보였다. 딱한家庭事情으로 外語는고만두고 서울와서 延專文科에籍을두고 一年間이나시내는동안 그의文學도 本格的으로 드러갔을때였다. 小說을쓰고 戱曲을쓰고 小品을해보고하였다. 윤○○孃과 피아노鍵盤우에서 얼크러진相思?도 그때였고 爲堂宅에서 樹州에게 절을바든것도 그때였다. 「개」라는小品이 樹州맘에 퍽좋았든것이라. 그寄癖이절을낫분이했든것이다. 樹州는 그때바로 名詩集「朝鮮의 마음」을 世上에뭇고 意氣揚揚하든시절 절도그럴듯이나온셈이다. 學校에서는 爲堂의寵愛를 바든것이事實이니 學生朴君집에 자조들너서는 古史古文學이야기를

잘들여주셨음을 나도 잘안다. 나종에 벗이 詩文學을創刊할때에도그러한關係
로 爲堂樹州가 同人으로도아주었든것이다. 冷洞旅舍時代는 內地서나 맛찬가
지로 몸이大端히 좋았고將來를 念慮할일은 도모지없었으나 몸이比較的좋았든
벗의게는 그보다도한두가지 딱한家庭事情이 항상그를 不安焦燥하게 하였었고
憂鬱沈痛케하였었다. 집에 꼭가있게되었고 집에있는동안 完全히 消息을못하
게되고 藥水場을 차저해매게되고 그러느라니 世上이 넓어지고 아는사람도 많
어저서 심심치는 않았든모양이다. 한동안 마음에도 없는어느女性에게 무던히
쫄린일이있었는대 저편이 大端한攻勢를 取하는통에 龍兒가 防禦力이 있을理
없고 무척애를쓰다가 結局은 저편에서 退陣을하였지만은 밧게있어서는 크게
不快한일이었엇다. 藥水場時代에벗은 時調를쓰기始作했고 그中몇편은 遺作集
에도 드렀다. 龍兒의文學은 時調로始作되었다함이 正當할것이다. 爲堂의影響
으로 因하여서도 벗은時調와 詩를 한時代에가치하여 왔었는대 나는그것을볼
때 속이상해서 못견듸었다. 조케忠告를 해왔었다. 時調를쓰고 그格調를 익쿠
어노면 우리가理想하는 自由詩抒情詩는完成할수없다고 요새暮時調先生이 어
느冊에 時調와詩를同一한것가치 쓰시였지만은 그럴수가없다. 俳句도詩와는
勿論갓질안코 더구나時調는 셋中에가장 詩와멀다고 할것이다. 時調末章의格
調를 모르고는時調를못쓸것이요. 時調로서의 末章의存在는恒常「詩」를 재앙할
수있으닛가 詩를힘쓰는동안은 決코時調는 손대지말것이다. 말이딴길로흘넜다.
그러나 벗龍兒는時調와詩를 가치完成하고마렀다. 무엇보다도 緻密한그頭腦의
힘이 두가지를 混同시키지안코 잘攝取하고排泄하였든것이다. 그러자 左翼全
盛時代가 닥처왔었으니 食滯로藥水場신세를 진벗으로보면 左翼全盛은또한 큰
食滯가아닐수없었다. 무럭무럭커나가는 그政治구룹에까지 接近하질않는가. 푸
로藝盟이면 의려말할나위나있었다. 그의 書架에는 文學書보다는 經濟科學書
가 더많이끼워지고 그理論을 마스터함으로써 우리같은文靑類는 어린아이로밧
게 안보여겄든것이다. 나는 그를위하여 무척애를 피웠다. 하다못해 左翼文
藝와評論쯤맛보는 程度로발을멈추라고 애랜부룩의名篇 「컴미날의煙管」을 나
는그게勸하여 읽게하였었다. 實相 그러한좋은作品 그때우리藝盟員의손으로
씨워지기를 우리의文學을爲하야 얼마나바랫든가. 楡岾寺에서 始作된討論이

開殘領을넘고 高城三日浦에 이르도록 政治主義可否를가지고 골을붉히고 싸우고마렀었다. 結局은 너는너대로 나는나대로라는 結論뿐이다. 그때世界를 風靡하든思潮에 벗도사로잡혔었다. 文學은 그의道具라고 역이든時代였다. 한번은 左翼의花形한분이 龍兒의게 왔었다가 「판대웅」을만즈적거리면서 文學! 文學이 무었을한다말이요하는것을 文學이文學을했지 별다른것하는것인줄 아오하였으니 벗은고개를 쌀내쌀내혼들면서 結局文學은아무것도 아니겠다는 自信있는表情을 하지안는가. 그뒤 그花形은 一二次 西門別莊을 가더니만 政治는밥보다더滋味있는지 요새는또 무슨會의重役을하여 光化門通往來를 하고있는것을보는대 그들의政治心도 嘉賞타하겠다. 龍兒가어떠케 그곳에서 轉落?했을까 亦是떡한家庭事情이시곤사리를 强制하였음이다. 거기서 詩囊을배불니 할수있었고 相當히긴 時日을두고 閑雅한鄉第에서 홀늉한詩人이되여버렸다. 本是至極한情熱의人은아니요 應當血型B를가졌을沈着한 龍兒가 東西典籍을푸러헤치고 千鈞뇌장을짜노았으니 名篇佳什이쏘다저 나올밧게없다. 벗이남긴 近百篇詩의大部分좋은 詩가모다 그때의所産이다. 自信滿滿하여가지고 上京하여 芝溶을 만나서詩文學을 만들든시절의 벗의意氣는 衝天할만하였다. 詩文學은나온뒤 어느한분의批評文도 어더본일이없는것도 奇異하였지만은 그러한純粹詩誌가 그만한內容과 體裁를가지고 나왔든것도 當時詩壇의한驚異가아닐수없었다. 다만世評대로 너무高踏的인編輯方針이 該誌의壽命을 짧게한것은 유감이랄밖게없다 뒤니여 文藝月刊 文學等에서 龍兒는 名編輯人이었고 特히文學은 벗의特異한 編輯趣味가 가장잘나타나있다할수있었다. 文藝月刊前後하여當時世稱海外文學派의 諸友와緊密한交誼가생겻고 末年까지도 晋燮 軒求 起悌 大勳 珖燮 諸兄과는 特別한사이였었다 여기에 詩文學때부터의結友로 文藝月刊에는 全責任을가지고게섰을 異河潤兄은 龍兒의 末年에 갔가운 몇해 었지 그리도 멀어졌등고. 암만해도 理由를알수없었다. 河潤兄을 여러번만냈어도 내勇氣로는 툭터노코 물어볼수도없었다. 하기야누구보다도 갓차운 芝溶兄과도 詩文學三號편즙을 싸돌고 若干內心衝突이있었긴했다. 그러나 兩便의心境을 내가다잘알고있었음으로 좀그러다 말게쯤되었엇다. 末年三四年 그두벗의交分이 누구보다도 두터웁든것을 아는이는안다. 그리고 맨나종으로 사괴인李敭河氏

氏의 失幸記를읽고나는 벗의末年도 幸福스러웠음을 알수있었다. 벗의 異兄과 文藝月刊을 시작하여 그첫號가나왔을제 나는 벗을어쩌나 攻擊하엿든고 二, 三號 이러케나올때마다 實로 내攻擊때문에 벗은딱한듯하였었다. 純情과良心으로 시작한詩文學 바로뒤에 迎合과 妥協이보이는 편즙方針 世上을모르는내가 벗을攻擊하엿음도 至當한일이었다. 그다음에나온 文學은그래도 깨끗하고 당차지않엇든가. 只今생각해보아도 文藝月刊은 文藝誌로서 二流以下의편즙밧게 더될게없다. 벗이 時調를쓰시든버릇과 文藝月刊을 하든것을 나는참으로 조히 녁이지안었엇다. 家庭生活에 터가잡힌뒤 얼마안있어 輕한지부스를알코 그다음다음해봄에는 참으로올것이 왔었다. 急報로 上京하니 感氣로누어있는것만 밧게 더안보이였으나 그病의宣告를밧고 그러케泰然할수있는가 벗이病을 다스리는態度는 무던히沈着하였었다 원채沈着한선비여서 沈痛은 할지언정 눈물은 흘니지를않었엇다. 내가 그의눈물을본배업고 다른벗이또한 본배없으리라. 中學生때에 佛蘭西革命을 그린映畵을 보고 自稱「로배스피엘」을 뽐내고 고개짓을야릇하게하며 눈을아래로내리떠 「단통」을 깔보든「로배쓰피엘」 그몸의病은 넉넉히익여낼수있었다. 벗이 간신히 이러나서 느진봄 모시다드미겹옷을입고 慶會樓못가에 떠도는오리를보면서 한나잘을질기든일이 가장아름다운記憶의 하나이다. 慶會樓밑에안즌 純粹朝鮮色을사진찍너라고 저편學生團體에서 야단들이였다. 집이나 옷이나 蓮塘이 무던히 어울니든모양이였다.

그다음해봄인가 芝溶과서이서 塔골僧房에를나갓다가 病席의林和를 차진일이있다. 左翼의曉將林和를우리서이서 차젓다니 좀奇異한感이없지도안치만은 비록우리가 詩人林和를 손곱는다하더라도 그가알치안코있다면 차젔을理는 없었을것이다. 林和가 우리의詩를 意識問題로 輕멸했더라도 林和의詩를 우리가 輕멸할 아모理由는없었다. 詩文學에 실트래도 相剋될아모건지도 업는것이였다. 그才人林和가 第三期를 알은다하지안느냐 生前에만내보자는 緊張된마음! 그도泰然하였었다. 龍兒에못지안케 泰然하였었다. 肺를 알는사람은 다그런상싶헛다. 그러나 芝溶과 내생각은 좀달녔다. 나는더구나 林和가初面이다. 처음이요 마즈막인가 생각키여 섭섭하기짝이없었다. 自己말들은 再起한다지만 그 形便에 고지들니질않었엇다. 朴은林和가 再起할것은믿고있었다. 自己도이러낫

으닛가 그도이러난다고 하지안는가. 三仙坪나오면서 詩人은모도 肺를아르니 芝溶도그럴생각없느냐고 했더니 아즉詩集한卷도몰내노았는대 가면되느냐고 대답하여當場에 그러면詩集부터내자 서이서다 한時期에 내기로하고 散秩된原稿를 주서못자고 의논이 決定되었엇다. 그리하야 芝溶, 永郎 두詩集이 몬저龍兒의손으로 만드러저 世上에나왔었다. 그中芝溶詩集은 人氣가 沸騰하였었고 그詩集난뒤의 朝鮮詩는劃期的으로 새出發을하였다고 斷言할수가있다. 永郎詩集이야 龍兒의수고만 앗가울뿐이였다. 그런데 벗이自己詩集刊行을 웬일로 그러케좀더있다 낸다는것으로 固辭했든고 참으로 딱한노릇이였다. 벗이本來沈痛詩篇은 작고서내면서도 무슨大自然에끌니운다던지 趣味에 기운다던지 그런點은 조곰도볼수없었고 내가너무 情的인점을 벗은오히려 警戒하였을것이요 女子에淡白한點은 特記할만하였다. 어느해봄이든가 昌慶苑博物館앞늙은 모란이 활짝피였을지음 때마츰느진봄비가 내려서 넓직넓직한 모란이 뚝뚝떠러지는光景이 果然悲壯한배 있을리라하고 벗을끌고 비를무릅쓰고 쫓처갔었드니벗은 그런것쯤 대단찬히녁였었다. 겨을의 고련근열매(旋檀)가 淡黃色으로 대단히깨끗하고 枯談한배있어 벗을끌고 나려왔드니 왼終日房안에서 冊만만지고이튿날 집으로도라가 버렸었다. 그러니 벗과안저 이야기하면서는 風景이 그리必要하질않었다. 房門을닷고 안젔어도 氣分은 수시로만드러지곤하였었다. 詩를 爲한讀書 그外에 「루네클렐」의사진과 「듸트리히」의 演技를 보는것이 가장조흔 趣味였으리라. 한사코詩集을안내고 만것도한번 그의性味로 미루어보아 있음즉한일일것이다. 벗의健康은 次次좋아졌고한번 그러케잘익여낸뒤이고보니 自他가꽤放心도했을법하다. 나亦是 朴이또알는다하더라도 인젠그리大端치는 아느리라밋고있었다. 술도조곰식먹어보고 긴旅行도좀하였고 實相病의始根이 몸에남어있었을 셈을잡으면 좀無理타할만치 二, 三年間 操身을못한셈이였다. 그러키로 發病을 自覺한지 겨우 三四日에 목이 그럿케 쟁긴다는것이 무슨일이냐. 슬푼일이었다 집에서알타가 世專病室로 그곳서 聖母病室로옴기였을지음 나는올너왔었다. 목이쟁겨서 눈으로마지할뿐 손을쥐어보니 어름장이다. 내 참아입이벌여지질 안었엇다. 筆談으로 意思를通하다니 어이가없었다. 가슴을 아러도 治療만잘하면 相當한 壽命을있는것이 現代醫術아니든가 벗의경우는

엇더한가, 自己도모르고 곁에사람도 모르는사이에 不治圈을들어서 버리지않
엇는가. 그도 天命인가 病에 泰然하든 벗이기로 某博士가 前年冬期에 若干警
告를 하였다하지안는가. 病에 너무 泰然한벗의 氣質도 원망스러웁다. 벗은 絶
望하는것갓지는 않었으니 우리는 그點에 힘을어더 持久戰을 할셈으로 病室을
自宅으로 옮겨보았다. 그러나 오! 그러나 옮긴지 十餘日되든날 午後 벗은 난
後 처음弱한소리를 吐하잔는가. 쟁긴목소리로 「안만해도 道理가업다」 나는 눈
물이 핑도랐었다. 정말 별道理가 업는것가터서 벗의오랜 鬪病史에 일직吐하지
안튼 그弱한소리는 確實히 不吉한豫感을 안이줄수없었다. 親友들게의 永訣의
글을 夫人께 代筆시키고 나의겐바로 벗이 손수좀 자세히 쓸말이잇노라고하여
날을 미루고있다가 이루지못하였었다니 더안타까웠다. 四十만넘기면 우리가
壽命에 不平은 할것이없다고하였거니 나머지五年을 웨더못채우고 가버리었느
냐? 殞命五分前까지 意識이 明瞭하섯다는벗이 父母와妻子는 었지있고 갔을가
詩는또었지잊고 갓슬까.

九月十七日

(『朝光』 5권 12호, 1939. 12)

春 雪
南方春信 — (一)

때마츰 舊正初보름前이라 例年가트면 지금한참 설노리에날가는줄도모를판
이다. 안ㅅ방에서는 윷판이 버러지고 사랑방에서는 여러가지내기판이며 風流
時調까지 떠들석할것이오 마당에 모힌붉은댕기들은 널판을 서넛은갓다노코
어마어마 노피뛰고 고샷길에서 돈치던놈들은 담넘어보려다넘어지고 요새밤가
치初승달이차츰 커가노라면 南方에서는 가장큰설노리라할 줄다리기도 시작될
것이다. 理由아어찌되얏던지 今年부터는 시골서들도 陽曆過歲를 안할수업게
된關係로 實相은 陰陽曆間에설쉐는것이 희지부지가 되고만셈이다. 歲末正初
가눈에띠울만치 번고롭지도안헛고 거리의歲拜ㅅ꾼이며 先山에省墓ㅅ꾼도 만
친못한것갓다. 風習과 氣分이란게妙한것이여서 먼저설때엔 잠잣고잇던축들이
이번설에는하고 잔뜩별느고들잇섯던모양인대 歲饡보름께쯤 시한한 눈이 尺雪
이 넘고 그우에또내리고또싸히고하는통에 제법 말만씩한놈들이 모통이에다
널판을갓다는낫스나 암만해도뛰는수가업서 한숨만쉬는것을본다. 눈도 눈도
첨보앗다. 南쪽엔들 눈이웨 업슬거냐만은 四十年來처음보는 눈이라니
우리눈알이휘둥글해질박게다. 「스키」를보내라 電報를 친다 「스켓」를
K州까지사러간다. 야단들이엇다. 電報注文이란것이 그럴법한것이 이곳
눈과어름이 해만번듯나면 녹아버릴것이 定해논일아닌가 尺雪이라치더
라도 흙이따숩더라도 완연따순것을 이곳사람이 다알고잇는까닭이다.
더러 稀罕한눈이 그러케내려서 「스키-」가뭔지 「스켓」맛이 어떤것인지를
南方사람들도 敎習바들必要가 업지안타. 겨울에火爐를모르고사는 사람들 壯
版방이따숩기나햇스면 마련오줌도참고안저서들 時調나읇고 風流나좀하면 몇
날안되는겨울이라 어느새 가고업다. 이번눈통에 그래도 그時調판은 자미를본
셈이엿다. 「雪月이」하든지 「積雪이」하든지 도모지實感잇게 불너보지는못햇
슬축들이 요번에는 閑良은 둘째치고 初月도 「雪月이」요 山玉도 「積雪이」다
눈雪ㅅ字는時調를모두 가르처내라는것이다. 時調가아니드라도 우리말노 「눈」

하기보다 漢字로 雪字가 눈에더 가차운것도가터서 「눈」을너허 時調를일러주
면 「雪」字 너어달낸다. 눈이싸하고내릴때 실컷 雪字時調를읊어보자는心思도
그럴법히녁여진다. 그눈이 「스키-」나 「스켓」을산축들의念慮를가러안치지못
하고 그만 이번비에자최도업시 녹여업서젓다. 그럼그럿치 新聞에三防과金剛
에 새로降雪이甚하여 이제부터 「스키-」가 始作될것을 써는노앗고 電報친축들
의원망도사주어야될법하다. 눈이업슬적에 正初비가왓드래도 틀님업시 봄ㅅ비
의맛이나는곳이라 半朔을 넘어 天地를 하얏케 덮헛던 눈때문에 겨울도 지리
하다는 感이 업지도안엇던것을 단하로밤비에 허망하게도 물너간것이 겨울이
요 차자든것이 벌서 봄일박게업다 바다이 다수우니 눈속에서도 자랏슬것 水
仙은한치가넘는다 보리ㅅ순은 호미로캐어 국을그릴만치 소복소복커울낫다 봄
ㅅ동갓동은 연한입이 색갈이벌서들엇고 흙빗이 더검어진것이 分明하여 김이
솔솔오르고잇다.

내 눈감고잠짜리에 드러도 매양슬푸고 꿈이오히려 서러운때가만허저서 아
츰이면 참새보다도귀를 더속히뜨고 자리를 거더차면 뒷山을오른다. 오늘아츰
은 이불속에서 문득 짐이무럭무럭오를 江물이 보구시퍼저서 그대로 내것기三
十分 저자를지나고 들을지나고 江언덕에 나섯다 江물은 압山여튼봉오리를 돗
는햇발에 잠잠히 이는물결뿐 밤ㅅ새 생긴봄의흐름이라 그럴법히어린태가돌고
무럭무럭이라기보다 그저 김이서리는程度로 서넛치 물김이오르고잇다

(『朝鮮日報』 1940. 2. 23)

春 水

南方春信 ― (二)

이江물의나히는 열여슷을 잡을까 더구나 오늘이初여드레조금 물이만흘理업다 바다는바로미티다 갓다븨면 쭐-따러질상십다 큰배가들어올나치면 오늘이 江물은그배가다마셔버려도 마셔버릴듯줄기가늘다 눈녹은뒤初봄이이江물에서 얼는보인다 몃칠前까지 江가에얼어부텃던 어름장이 녹기에 이틀이다못갓다 오리 갈매기가 저밋바다ᄉ가로 몰리는듯하더니만 우-허니 되돌아온다 기고 나르고 톰방거리고 江물이너무순해ᄇ여서 그런상십다 너무 허리가가느러서 그런상십다. 그놈들이 아츰날빗츨조하하는것이 사람의 그런程度가아니다 우리가 햇비츨 조하한다는것은 실상 그리 天然일수가업다.

보람이니 서름이니 健康이니 지지리 햇빗츤雙和湯이나 다를거무엇이냐 햇빗츨 사람이조하하기로 아모래도 오리 갈매기보다는 下等劣質이다 사람은 차라리 해를 등지고사는것이 오른일이아닐까光明을 찻는다는말부터가 따저보면 수상하다 물새와 햇발! 하로한시간이래도 조흐니 그러케 질겨볼수잇다면 世事를 도리켜 생각해보면 千里萬里로다그사람들틈에서 詩가엇저다생겨낫든지 모를일이다 몃世紀에 한사람 謫仙이 난다 하더라도 사람에게큰자랑이 아닐까 「뻬-토밴」 「모찰트」 「슈벨트」 「쇼팡」이낫다는것은 사람의큰자랑일밧게업다 한발남짓을넛는듸 遠近에往來가지고 나룻배도 물우에떳다 물새가 나른다 바다로바다로 나른다 날키지도안컷만나른다 해가오른뒤 사람과오래사괴는것이 危險함을 물새는안나 물결하나 깟닥안는江물 나루ᄉ배는 잠잠히오르는물김만 해치고가명오명한다 얼골이홧근해지는것가터 만지니따스하다 거울잇서 본다면붉으레하리라 앗가말한健康이다 이러케어든健康이 罪될것도업슴으로 우리는 感謝할것도업시그저 健康할뿐이다 발을 돌려덧는다 어느해일흔봄 그 아침도 이런아침이엿스리라 발을벗고 沙場을드러섯다가몹시차서도망처나온일 이잇섯다 겨우 봄맛당근江모래를 섯불리다룰것도업다 山은모다 제품안에지난 森林岩石을다 드러내여보이고는 잇지만은 제마다 얼굴은환히 드러내진안는다

더구나 氣壓의탓인지극히 열븐안개가 이골작 저골작에 얏치몰려잇는 初봄인
듯한 숫스런태와 근지러움까지 가벼히실코잇다 몃날이못가서버서질 어린애낫
에 솜털이아니냐 뷔로 쓸것도 업다 薄紗로가리워진 明眸로하여 우리는 마음
더설낼수가잇다 앗가지나든 저자가 거진다헤여진다 그안악네가 찬물에들어
기피든조개를 잡을수는업섯다 굴(석화)도 그리흔헐수는업다 누구하나이 아츰
옷속에손을 여민이가 보이지안는것이 시럽지안은탓이다 저잣군이 웬통안악네
들인듸 추워뵈지를 안코활발하다 아프로 치위는업다는것쯤 다아라채린까닭이
다 한낫즘하여 椅子를 미나리방죽과 봄ㅅ동 갓동바를내려다보는 「코-트」우
에다노코 잠잠하고 따스한날빗슬 수북히바드며 안젓다 봄ㅅ동은 눈에눌리고
비에쎗기웟스나 외러더싱싱하고 탐스럽고 번드란품이 생으로뜨더먹음직도하
다 요새미나리가 얼마나味覺을 당기는가 故鄕떠나 서울이나사는 친구에게 무
러본다면그는 금방 혀바닥에 침이돌니라 그미나리가 자라기서넛치 보다더 자
라면 캐어먹는 미나리가 아니라 베여먹는 미나리가된다 맛이 떠러질것은 勿
論이요 운치가 잇슬턱이업다 미나리봄동이 正初부터 밥상에 오르는데 봄ㅅ동
이 더러 前冬酷寒으로 失手될수가 잇스나 柚子대가 퍼러케사는동안 언제고
우리의 珍味가 아닐수업다.

(『朝鮮日報』 1940. 2. 24)

春 心

南方春信 — (三)

이고샷저골목에 안악네들의우슴소리가 유창하다. 初正나드리에 길거리서 잠간 만나 인사하는소리만도아니다 웬音聲을 그리노피낼理도萬無하다. 音響이봄氣運을 타는것이다. 횡횡울려난다. 어린애들은벌써 촐내(호드기)를만들기로 대ㅅ가지를 부질른다. 철은 어룬보다 더 일직 아는것갓다 뒤언덕에 사ㄴ 소나물 그대로倚子를만들고 흥청거리면서 늬나늬늬나누-를 분다. 「어-허 참」 「잉-이」하는소리가 웃宅에서들려나온다. 사이조흔 姑婦間의살림수작이그러하다. 全羅道서도 이곳 말이란것이 처음듯는이는 아직말이덜되엇다고웃고 자조 듯는이는 간지러워못듯겟다고 얼굴에 손까지 가리운다 詩人C는 感覺的인點에서만도만히 잡어써야겟다고한다. 통터러 여기말이말이라기보다 吐情가트나 他道말인들 意思表示에 끈치기야하느냐만은 보다더 吐情일것갓다. 우리가 등이가려우면긁고 꼬집으면 아야야를 發音하는것과 그리距離가업는말일것갓다. 女子의말이더욱그러하다. 「잉-이웅-으」하는否定語가 어디또잇는가 길거리에서 떠드는말소리가 空中으로 횡나라드러온다. 봄이아니고야 봄이아니고야 그럴수업다 바람이대닙끄틀세여나오는대 꿋이다퍼저버려서 말소리가 타고오는것일까 어디 그뿐이랴장차는 山골작이마다 차저가서는 그간질간질한 안개아지랭이를 이리몰고 저리몰고다닐바람이다. 그러느라면 안개 아지랑이 멋지게 溪谷에숨을날도 아프로 며칠아니다. 멋이란말에 언듯생각키우는것이 지용의 「멋」이나. 湖南海邊에 歌客妓生社會를中心으로 멋이發展햇슬것갓다고하여 書經詩文에서 보는것은 멋이아니라 韻致라하고 멋은아모래도 名唱廣大에물드러온것갓다고 하엿다. 詩文이韻致와 멋이어떠케틀린다는것을 얼른말키는좀어렵겟스나 名唱廣大께서 멋이 물드러온다는것은 首肯할수업는말이다. 선비에게서 廣大名唱이 멋을 배울랴애를써도 格을갓추지못하고 떠러지는수가 만키때문에 흔히 그들은 신멋을 犯한다. 그러고보니 罪가멋에잇지안코 사람에게잇다. 格노픈平調한章을 名唱廣大가 잘해내지못하는수가만흔것을 보아 알수잇

다. 노래를 멋지게부른다는것과 그양반 멋잇다는것과는 全然말뜻이틀린것이
다. 關北關西의 멋잇는친구를 만히아는우리는지용의 멋잇는 훌륭한 詩品도 알
만하다 愁心歌가 近代的의일찌 六字백이가 頹廢的일찌는 모르되 南道소리에對
한 지용의 見解엔 좀 承服치못할點이 만타하겟다. 멋이 소리에만 잇슬배아니
거니 韻致에 무릅을 꿀려노혼것이不當할까생각한다. 선비歌客이 所謂 신멋을
犯치안흠을 보라 멋의抗辯이 기러젓스나 지용은페양서멋진 妓生을 못만나보
신듯하다.

◇

「코-트」 바닥은 來日쯤은 白線을 그을만하게濕氣가 거첫다. 整然히「라인」
을 그어노아도 亂打래도할벗의 힌運動服이 되엇슬까 使動을보내둔다.「론-테
니스!」내靑春의 感激이 무던히 밧처진「론-테니스!」힌「라인」하얀「넬」힌
「유니폼」하얀「뽈」봄벼테 그들은 潑刺하다「라케트」든 손을 흐르는 血潮
一秒前에 만드러진 精血이리라「페아플레이」의 精神을 나는「론-테니스」에
서 어덧다. 함이 率直한 告白일것갓다. 使動이 모래와 흙을 파드려온다. 花壇
에 新裝을 시작한다. 이구석 저 구석 모혀잇는落葉은 한번진채 겨울을낫다가
이제야 쓸리운다. 花壇에 구우는落葉은겨울의한韻致임에틀림업다. 朽葉을 추
려보니 멋種類안된다 冬靑의 標가 안부터잇는 草花가 이곳서는 곳잘그대로冬
靑한다. 흙을 새로갈고 잔듸를 띄어다가 線을두르고 花壇의흙은 만지면떡고물
가을感이난다.

(『朝鮮日報』 1940. 2. 27)

垂 楊

南方春信 — (四)

冬柏은 닙마다 쏘복쏘복 햇발을지니고도 징허게푸르다 양지쪽이면이금음께
그징허게붉은꽃도 터저나오리라 하눌에총총백인별이 모다眞紅일진대 우리의
마음이 어떨꼬 동백꽃은 숨이그가슴에 꼭꼭박어논 붉은별들이다. 떠지는날은
悲愴할수까지잇다 돌담에얼크러진연줄 뿌리를차저내는수가업다 雜草라 無心
히페일까 두려워 그리기피간즉햇는가 雜草는 그대로잇슬대잇서 조하뵈이고
어울니거늘

禁獵區안의 참새떼들이 오늘은유난히 재재거리는것이 마치 아침저자에서
나든소리다 深冬을三更四更 흉하게울든 올배미놈이 줄기만 앙상하니 뻐더잇
는 기평나무가지에 멍허니안저 까치의조롱감이되고잇다 퍽은어리석어보이는
귀달닌새 고놈이밤중에 쥐를잡아내는품이 고양이와다를게업다 눈과귀가 그소
리와가치 흉하게된새다 原籍과 居住届가 다가치 이 禁獵區안에잇는 가마귀떼
이번큰눈에 山과 들에 먹을것을못찾고 區長의 南向草家집웅을 막우해치는데
는 긴간짓대로날키러 다니는수박게업섯다 좀에날러갈랴고도안는것을보면 검
은가마귀도 그리미울것도업서파도안나오면 갈것을기둘니기로한다 큰기평나무
세구루가그들百子千孫의 도혼정이요큼직한대삽이 그들의안방이다大家族主義
가 反咆孝道에서생겼거니시퍼 은근히 敬意를表할때도업지안타 가마귀까지 참
새늕 이禁獵區에서는 개닭보다도 나와사이과 가까웁다고해야 올혼말이다 개
닭을 여러번죽인뒤 더안치는 까닭도잇지만 근본의 霹이업서 잘치늘못한때문
이다 참새는 내섯는압 一米突안에서 아무危懼心도업시 예사잘들돌보면 적은
미물이지만 關心이아니갈수업다. 害鳥의烙印이 직힌탓으로더러그것들의발목
이 버여지는것을보고 젊은主人은 이터안을 禁獵區를 만들엇던것이다 그뒤少
年銃士는 勿論 실업슨 놈펭이獵師들도 接近을 안시킨다

텅번하날비츤 비로쏠만치쑤엿다 몃날안가서 보드레한「애매랄드」가 깔릴것
을생각한다 아모래도垂楊이 초봄의초信號 부는듯마는듯한 微風에도 설내나니

기여코 파르스름한初봄을 적시고만다 아프로 五六日이다 하로 한번식 垂楊을
바라보아 봄의숨소리와 거름거리를 뒤따를수잇다 이몃날이 가장 重要한봄의
生理期間이라이동안만은점심을굼더라도지켜야한다垂楊의生理를짓켜야한다

妻가 나드리를차리고 나선다 이건 남의옷帽子까지「웨 또이러오」「K州를
갓치가시거나 重이헌테를가시거나」「마음을 그만가란지래두」「오늘은 꼭 가
겟서요」作定을 단단히 헌셈갓다 重이를 그눈속에뭇고는 나만한번 눈을해치
고 가보앗지 妻는 핑개핑개하여못가게해낫든것이다 날세가확 풀린 봄이요 重
이생각이불현듯치밀어 나선사람을 막을수도업고하여 K州는作罷하고 重이를
차저가기로한다 三마장논둑길 별로말도업시 간다「울지말우」對答이업다「울
테요」벌서妻의顔面筋肉이 이상스러진다 多幸히논두룩에아직일꾼은안나오는때
니들킬것은업지만 子息을뭇고묏차저가는우리內外를 먼비츠로도 짐작할수도잇
는處地라 侍下事情도잇고 남의눈에띄울것이 조흘것도업고하여첫번은 내혼자
다녀왔든것이다 重이생각이나는가하면 重이 그두눈이 몬저보여저서앗질해진
다 살리여주기를애원하는두눈 重이는特히두눈이잘생겼든아이다. 十年前에처
음 둘재아이를 노처봣고 이번 重이를보내는데 肝이어찌안썩고잇는지모르겟다
사람의 죽엄중에 瓔兒의죽엄이가장 불상하지안흘까 나도눈물을 좀냇다 妻는
목이메이엿다 重이가무치던밤 半時間압서큰눈이내리기시작하여 두週日동안
天地가눈으로 덥혀버렸스니 죽은애가尺雪그밋테 꼽꼽언땅속에 그대로눈물내
고보채고하는것만가터 안타까울밧게업다 이번갓다오면 妻도웬만히 이즐터이
다 그러므로어린애죽엄이 더불상하다두번을다 아이를 놋치고나면봄이 차저오
게된탓으로 항상마음이서어하다(了)

(『朝鮮日報』 1940. 2. 28)

芝溶兄

　근자 兄은 혼자실적보다 친구를 맞나면 한숨을 더많이 쉬는 버릇이 생기섰
지요? 그 兄을마조 붓잣고 앉었서서야 어디내攻擊이 바로 마줄理인들 있어요
그릇된先輩를 정성껏 擁護해 보다 가도 不本意라는 듯이 한숨 한번 크게 쉬
는 바람에 온 방안은 悲愴할수도 있었으니 옹호는 글꼬한 숨은 올타고 할까
요. 猛禽의 한숨! 너무 자저서야 될말이요, 黃金꾀꼬리는 白玉비둘기 한마리
차가지고 五月달 하눌밑 多島海를 날러오시오 우리는 온전히 蘇生하지않을까
요.

(『女性』 5권 5호, 1940. 5)

補 遺

　大正十二年 龍兒의 東京生活이 震災로하여 中斷케되매 그는 자랑스럽든 外語의 멋진徽章도 떼워버리고 서울도 僻村 冷洞旅舍에 몸을 부첫섯다. 延專을 다니는데 그때 龍兒의말로하면 爲堂과 一星 故李灌鎔 先生의 時間이 좀 자미난다고 쇠골있는 나에게 더러 글월이있군햇섯다. 爲堂게 時調를 一星게 獨逸語를 自宅에가서 배우고있섯든것같다. 同窓이요 親友인 故廉亨雨의 紹介로 故尹心悳女史를알게되고 피아노의 金永煥씨도 알게되었는대 더러 내가 만내려고 冷洞가면 余氏宅에서 피아노를 배우고있는때가 많이 있섯다. 尹氏와의 友誼가 相當히 깊었든것은 尹氏가 그리된뒤도 갓금 尹氏의 家族들을 찾는것으로보아 알수 있섯다. 延前의學友로는 廉君外에 許然氏, 盧鎭璞氏들도 記憶된다. 이듬해 大正十三年부터는 學校래야 別로 가는것같지안었고 내가 東京서 放浪하고있든터이라 내의 感傷主義와 文弱을非難하는 强硬한글월과 金剛山旅行을 처음하고는 그 風化된山石을 自己는 무슨美化나 詩化하는사람이 아니오 헤-겔이 별총총한 밤 하늘을 외려더럽게보든것같이 金剛山도 冷靜히 보고왔노라고 길게 써보내온일이있섯다. 나로서는 龍兒가 文學을 읽어 詩 時調까지도 어느程度를 理解하는 處地임을 아는지라 그가 헤-겔의 後生이되는것은 모르되 單純한 理科系統의 學徒가되여버리기를 願치않었섯다. 더구나 그의才操가 아모것이나 하면 되는 사람임에서랴. 年末에 서울와서 같이 下鄕하였는대 어쩐일인지 龍兒는 나만맛내면 文學에로 文學에로 물들어간다고 이늠아 나를 誤入시키지말라고 그때부터 허든말버릇이었다. 大正十四年 봄 일즉 上京하여서는 물론 學校는 지버치웠는대 이사람 冷洞집에서 참으로 獨學을시작하였다. 文學書의 肆讀英語學獨逸語 工夫 實로 무서운勤工이다. 여름까지 留京코는 下鄕하였지마는 벌서 短期間이라고는하나 그때 초잡은工夫가 翌十五年 또 다음해봄까지 집에서 그대로 繼續하였고 어든것이 胃病이였다. 그래서 三防을갓다. 三防서 和田이라는 美人을 만낫는대 萬一 그가 일즉斷念치안었던들 우리 龍兒는 果然 무슨方策이 있섰을지 只今 생각해보아도 微笑를 禁치못한다. 以

堂金殷鎬畵伯도 三防서 알어진이요 그뒤로 여러해 親交가있었다. 그해가을에 永郎과 金剛山에 갓는대 胃病이 再發하여 急遽歸京해 버렷지만은 그胃病 그놈이 龍兒를 夭折케한 原因임에틀림없다. 서울와서 平洞旅舍에서 永郎과 한방사리를 했었는데 每日 같이 本町二見屋이라는 茶店에 다니기와 가끔 술마시고 鐘路大路를 떠들고다녀도 거리낄것없었든時代인대 한편主義者의 接觸이 甚하기도했지마는 龍兒의 文靑時代는 確實히 그때가아닌가싶다. 年末에 下鄕하여 그대로 꼭드러백여 一年半 龍兒의 詩囊은 充實하여졌섰다. 그동안에 山紅이란妓生과 除名을날린일이 있었지만은 大端치 않었섰고 오히려 龍兒의 代表作인 詩品은 全部 쏘다저나왔섰다. 프로詩니 無産文學이니 世上은 시끄럽고 하든그때 말하자면 朝鮮詩의 正統을찻고 發展을바래야 新興朝鮮文學이 世界的 水準에까지에라는 理想이 純粹詩誌를 計責케하였든것이니 昭和四年秋에 上京하여 芝溶과合作하고 創刊號 나올임시에 朝鮮的 大事件이 爆發하여 中止하고 翌春에 創刊號는 나왔섰다. 玉川洞에 自炊집을定하고 現未亡人 妹鳳子氏 等이 지워지는밥에 몸소 찬물을달고 아궁에불을넛코 單純히生活 그것만도 유쾌하였을것이다. 良心的인 詩友는 贊同하여모이고 詩文學은 只今까지의 어느 冊보다 깨끗이 무게있게 만드러저나오고 龍兒는 平生 처음부디치는 激情에 自己스스로 幸福됨을 느겼을것이다. 玉川洞時代는 짧은 龍兒一代에 特記해야 될時代인가싶다. 가을에 親友 廉君이 作故하여 龍兒는 크게슬퍼하였다. 가을에 堅志洞으로 옴겼는대 시문학은 그때에 二號밖에못냈섰다. 原稿難이였다. 一二人 旺盛히 詩作을發表한단 個人誌를 바랫슬배아니고 意味도없는노릇이다. 都是 그때情勢의탓도있지마는 同人들이 편즙의水準을 너무높여논잘못도 있다할수있다. 同人의 누구나 다 아즉純眞한 處女들이였음이 罪라하면 罪일밖에없다.

(一月 三十一日 永郎記)

(『朴龍喆全集』2권, 1940. 5. 20)

熱望의獨立과冷徹한現實
三千萬은反託一貫으로團結하자

五號聲明에 署名하야協議의對象이되고 臨政樹立안되면 그안에드러가서朝鮮自主獨立을 主張貫徹해본다는것이 近近民族陣營大部分의 共委에 參加態度인것같으다.

작년

決裂共委에 말성만튼參 不參問題가「하-지」「아놀드」兩將軍의 그親切公正한 保障宣見으로 겨우民族의體面을維持시켰고 三千萬은거이가다 께름칙하가는가운대에도 一樓의希望을품고 參加決定했든일을回顧하면 一年이란동안 國內外의모든政勢는 相當히急轉되어저있음을 認定않을수업다 民主主義의가장正確한解說者요 實踐者이려는「마샬」長官의 强力한主張으로再開된 美蘇共委는 그야말로 一萬千里의案件處理를 해가는셈이다 그리하야署名을 要하여도 昨年과같張 保障宣言은기여코내노흘誠意도 시간도없는상싶은印象을 주고있다 두달前의 幕府에서「마샬」長官의「모」外相의게보낸書翰을 싸들고每日가치 그書翰은敷衍하여 朝鮮人의意思發表의 自由原則下에서 共委는 再開되는것이라고 우리에게 깁히認識시킨이들은 과연누구인가「하-지」「러-쉬」氏「뿌라운」氏 한두번발표만안이였을것이다 美本國의 眞論이그동안어떠했든가

自由解放된朝鮮民族의自主獨立國家를 完成시키는責任을 美國이지는것을自認하지안엇든가 그러든것이정작 共委가再開되고보니 이꼴이되었다 六月二十三日限 解明헐테면허라는것이다 어제도오늘도 最高首腦部의言明은 亦是「昨年과不變」이라는 曖昧한소리일뿐이니 그도그러할박게 없는노릇이다

理由야 簡單하다「하-지」中將이十二月二十四日北鮮「샤」將軍에게보낸 回翰이이번共委再開의基礎가되는 까닭이리라 戰後處理에있어서美소가世界어느線에서나 그러하지만은 兩軍分點下의錯亂한政勢下에 再開되는共委에서 보더라도 蘇의現實外交는 能히美의民主外交를 屈從시켜노앗슴이틀님없고 民主主義의名譽 그런 擁護者인「마」長官도첫번强硬 華麗히내픠든말이 不過二旬에「하

-지」中將의 回翰쯤정도로 「모」外相에 屈從해버렸다는 그心事의意圖를 얼지 疑心없시 본다는말이냐 우리가 二次大戰의 性格을잘理解한다할수있고 美國의 우우리朝鮮에있어서 最低限의 野望?이라할지강土를世界民主主義化의 最前線 基地로 登場시키지 안의치못하는 理由를잘理解한다할진대 저宿命的인三八悲 劇線을 惡意와와危性之念으로만 解釋할必要도 없을것이다 그러나强大한聯合 國인美英蘇가世界民主化의 名譽스런名義를 爲하야조선을解放시키고는 또다시 各自國家的理由에서는 信託管理를規定 해버린뒤에오는것은 所謂際協助를爲하 야 弱小民族쯤

犧牲해도조타는 强壓的인理論歸結이 오늘共委가吾族에對한 것然한態度라 아니할수없다 슬푼노릇이다 勿論國內事情으로보아도 저絶望的인民生苦만救援 한다는 理由로도三八線打通이 卽時實現되어야하고 그러하면 共委를成立시켜 臨政이樹立되어야할것이다 卓越한政治家君은 드러가싸우라悲壯한 覺悟를진히 고드러가싸우라 先人들이어듸서어더케싸우섯든가 웨잘들알고있지안은가. 그 러나果然한마듸래도民族이념

願을開陣設吐할수있을것이냐 그러한分초의時間이許諾될것이냐 오늘이나라 首都서울國際舞臺에서과然이世紀의 民主主義가

實踐될것이냐 「마샬」長官이解釋한民主主義가 實천될것이냐? 슬푼노릇이 다三千萬民은모두가낮낮이바든한갈래의 피요뼈요넉이라거기에길녀진民族의 正氣? 불타오르면온갖不義와사惡을 태워버리고야말었든것아니냐 여기에民族 千年이 運命을定해준다는共委가萬一이라도民族的念願에 어긋나는結果를 强制 로만드러놓는때의이江山에 불같이 이러날무서운 混亂 想像만하여도 눈이캄캄 해진다 三八線이터지는날이統一이되는날이런가 두동강난강土가 이이치니統一 이요 못만내든同胞가三年만에 다시맛내니統一이리라 그러나그만하면統一이리 요 저중國은三八線없는 不統一로列國의멸시는 묘치못하고있지안는가 저印度 는웨

分割獨立이되고마는가 政府가서기만하면 獨立이냐國際條約에信託管理를 規定하고도 政治干섭을안는다고 私席에서 提言하 그것이되는 獨立이냐면 슬 픈노릇이다 都大體幕府決定三項에 「었더한이유」로 朝鮮을信託管理해본다는

條目은없다다른모든聲明에도 그理由를明示한한줄文句를 본사람이없을것이다
답답하지않탄말이냐 協議相對로드러가는사람 밧게안저서그下回를거들니는民
衆 다가치信託을업퍼씨우려는데에는 團結하고限사하고 拒否할것이다 世界民
主主義의實現과吾民族의 永遠한자由繁榮을爲하야 우리는共委의좋은 結과를기
둘니기에는 熱심이거니와設令共委가 失敗된다하드래도決코失望動搖치안는 民
族임을가장자랑하려한다 (필者詩人金允植氏)

『美蘇共委와民族良心의發願』 기획물

(『民衆日報』 1947. 6. 17)

文學이 副業이라던 朴龍喆 형

영영 가버린 날과 이 세상 아모 가젤것 없으매 다시 찾고 부를 인들 있
으랴 億萬 永劫이 아득할뿐.

龍喆兄! 가신지 이미 十年도 넘었으니 兄은 인제 참으로 옛 사람이 되었구
려 十年도 이만 저만 아니지오 人類史 있은 뒤 처음 무서운 전쟁의 遂行 科
學의 勝利 歷史의 創造 그리하여 民族의 解放 同血의 相剋 이 모다 그 量으
로나 質로나 어느 前世에도 볼 수 없는 最新 極惡의 十年이고보니 이렇게 兄
을 불러보는 내 心情 千感 萬來에 숨이 막히고 마나이다. 내 죽엄에 關心이
다시 커지고 있는 이지음 近代의 一片을 들어 兄을 불러는 보아도 兄은 百年
前 어느 깊은 山골을 떠나가 버린 그 山울림이신듯 對答 있을 리 없으니 허
무한 노릇일 밖에요. 오! 十年도 前에 우리의 말이 마즈막 앗어지려던 날 그
대 그 앓는 자리에 누신채「戰爭은 크게 發展 하겠지 民族과 言語가 같이 滅
亡한 歷史를 어디 보았더냐」하시며 泰然하셨지오 中·日戰이 버러질때 우리는
겨우 微笑를 띄웠었고 겨레로서의 새론 보람이 겨우 소생하려던 때「나는 이
젠 別道理가 없다」하고 가시고 말었으니 人類 最大의 慘劇과 認知 最高의
發達을 못 보심도 哀惜타 하려니와 民族 解放의 感激 歡喜를 못 겪으셨음을
생각할때 兄을 爲하여 痛憤할 者 나만이 아니겠지오 그 옛날 倭京서는 四年
을 한 품자리에서 자던 사이 달이나 밝으면 흔히 兄을 홀리어 풀밭에 이슬
받으며 뒤둥글고 그대에겐 필시 外道임에 틀림 없든 길을 같이 걷자고 졸랐
었고 歸國하여서도 그대 나 같이 까다로운 아버지들 밑에 눈치코치 받아가며
도 山길 들길 百里 사이를 詩를 爲하여 오고 가고 詩囊이 두툼해지고 익어서
씨가 제절로 돌고 빠지고 하게 되자 같이 上京하였고 詩朋 芝溶을 만나서는
서로 늦만냄을 서뤄하고 엡부고 고웁던 구술을 모아서 銀쟁반에 한 그릇씩
닮아 내놓지 않았던가.

兄아! 天下가 우리 것이 아니더냐 서로가 民族的인 哀愁에서 비록 못 벗어

나긴 하였어도 自信 없이야 深海를 깊이들어 眞珠와 珊瑚를 어찌 캐 내인단 말이냐 夢想도 할 수 없는 것을 그래 天下가 우리 것이 아니더냐

兄아 「나는 音癡로다」 하더니만 兄의 詩는 特히 音律에는 가차운 멜로듸였고 「文學은 나의 副業이라」 하더니만 文學을 그리 잘 하던이 또 있던가 나는 評論이니 批評이니 그리 좋와하지 안는 편이었지만 兄과 같이 남의 文學을 그리 잘 理解할 수 있는 것이 評論이고 批評이거니 하고 생각이 든 뒤에는 世上의 評論, 批評家에게도 次次 敬意가 表해지던 나 아니던가 兄이 좀 더 계시더면 或은 詩筆을 던졌을지도 몰라 그러나 評論家로서의 兄의 存在는 王者였으리라 본다 이제도 詩論家로서의 兄의 玉座는 햇빛이 무안할만치 빛나고 있다.

兄 가신 뒤의 詩의 生理學者 누구뇨

兄 가신 뒤의 詩의 政論家 누구뇨 長安을 뒤저보아도 찾어지질 안는다. 가엽다 왜 더 못 사셨나 十年만 더 왜 못 사셨나 兄아 그대가 엮어 놓은 여러 冊子 中 「芝溶詩集」 「永郎詩集」이 맨 마즈막이었다 十五年 前 일 사람이 늙어가도 靑春의 誤謬로 씨어졌다 할 詩이거니 그거야 어디 늙을 수 있으랴 이제 내 옛날의 노래를 모아 다시 엮어 보리라 계획하니 그대 생각 불현듯 치밀어와 다시 젊어지는듯 싶고나 芝溶마저 民族의 線을 넘어서 平壤을 갔다는둥 수선한 세상 어찌 혼자만 남은듯도 싶어서 섭섭해지기도 해 兄아 鐘達이 逸이 律이가 어진 어머님과 서울에 平安히 사시고 있으니 부듸 잊으라 이제 가을 바람이 제법 쌀쌀히 불어오니 고련근 노—란 열매를 찾어서 우리 같이 시골 길을 거를거나

오! 서울서 그대 山所는 千里로구나.

(『民聲』 5권 10호, 1949. 10. 1)

出版文化育成의構想

一. 序 論

지금부터 約十年前 一九四〇年 當時에는 우리民族의 民意를代表하는 機關으로서 아직 『東亞日報』와 『朝鮮日報』가 남어있었다. 月刊으로도 『三千里』를 비롯하여 『朝光』其他 數種의姿態가 남어있어서 우리의 民族意識을 구멍구멍히 나타내고 있었든것이다. 그렇든것이 所謂 支那事變이 漸漸 擴大되어 太平洋戰爭까지 이르킬氣勢가 濃厚하메따라 우리의 民族意識을 抹殺시키고 强權으로써 우리를 皇民化하려는 野慾밑에 一九四〇年 八月에이르러 所謂「言論의統一的指導와 物資의節減을爲한 國策的見地」라는 命令아래 前記 『東亞』『朝鮮』兩紙를 廢刊시켜버리고 다만 總督府 機關紙인 『每日新報』하나만에 特權을賦與하였다. 그리고 月刊으로도 우리의 民族意識을 麻痺시켜버리려고 그 總本部인 무서운 무슨 聯盟의 機關紙 『總動員』外 『東洋之光』과같은 親日文人들의 文藝紙가 남었을뿐 前記 『三千里』『朝光』은勿論, 우리 民族으로서 읽을만한 民間雜誌는 全然 그姿態를 감추게되고 말었다.

이와같이 우리民族은 民族意識으로써 생각하고, 말하고, 글쓸 自由가없었기 때문에 우리民族出版界에 있어서는 定期刊行物不定期刊行物 할것없이 그價値를 찾어볼수없을만치 消沈하였으며 하마트면 民族文化는 永遠히 사라지고 마를뻔하였다.

二. 解放과 出版界

위에말한바와같이 日帝의 至毒한 言論彈壓으로 말미아마 死期에處하였든 우리民族의 出版界가 聯合國의勝利로 解放을얻게되자 言論出版自由란 口號밑에 活潑히 움직이게된것이다. 雨後竹筍格으로 簇出하게된 各樣各色의 刊行物은 그야말로 出版黃金時代라 할만치 早速한 時日에 그內容의 質問題는 暫時

姑捨하고 그量的으로보아 急進的發展을 보게된것을 우리 出版文化에 關心있는者로서 同慶하여 마지않는바이다.

日刊新聞을 비롯하여 定期刊行物, 不定期刊行物, 一般單行本出版以外에 各政黨. 社會團體의 宣傳用「삐라」「포스터」「팜플렛」等 참으로 눈이 眩惑할만큼 쏟아저 나오게되었다.

一九四七年八月末日現在로 나타난 統計數字로보면 當時 南韓에는 出版社가 五百十九, 印刷業者가 二百七十八이며, 이들의 손으로 만들어저 나오는 定期刊行物의 數만하여도 通信을 비롯하여 新聞, 雜誌等 그總數는 三百三十四種에 達하고있었다.

이것을 다시 日. 月刊의 種別로 나누어보면 通信으로는 日刊이十三, 週刊이四, 新聞으로는 日刊이六十九, 週刊이 三百四十七, 旬刊이四, 半月刊이五, 月刊이六, 雜誌로는 週刊이十二, 旬刊이二, 半月刊이四, 月刊이百二十四, 隔月刊이一, 季刊이一, 其他機關紙로서 日刊이十三, 週刊이四, 旬刊이三, 半月刊이二, 月刊이二十四, 隔月刊이五로서 그後로도 더욱 增加를보일 現象이었다.

이 統計數字에 나타난바와같이 解放後 우리民族은 言論, 出版自由그대로 마음껏 떠들고, 마음껏 부르짖고, 마음껏 出版하였든것이다. 이것은 四十年間 自由를 蹂躪當하여 壓迫을받고 呻吟하든 그 무서운桎梏에서 벗어나게된 反動的現象이라 할것이며 한때 言論出版自由는 그極에達한남어지 그限界을넘어 紊亂을 이르키게까지 된것이다.

三. 現下出版界의 考察

여기에있어서 우리大韓民國은 政府樹立以後, 이混亂한 狀態를 收拾하여 出版文化界에있어서의 참다운 發展을 圖謀하기爲하여 銳意觀察하게 된것이다.

于先 出版文化의 核心體라고 할 新聞을 살펴보건대 日刊, 週刊을合하여 百餘種이 있으나 新聞出版業者의 確固不動한 獨立體系를갖지 못하고 어느政黨이나 社會團體에 隸屬한 機關紙가 되어버리는 傾向이있는가하면, 그記事에있어서도 무슨 特色있는取材와 편즙이아니라 題目만 가려놓고보면 千篇一律的

으로 그內容이 同一한 無興味한 新聞이되고 마는것이다.

新聞은 絶對 不偏不黨하여 嚴肅히 中立을지켜야 할것이며 特히「新聞의民主化」라는立場에서「眞實의報道」「宣傳歪曲의拂拭」을爲하여 恒常 一般大衆의 全國民을 相對로하고 그를主觀으로하고 또 그들의 福利를爲하는 社會의公器性을 遺憾없이 發揮해야 할것이다. 그러기爲해서는 積極的으로 國民의 참다운소리를 聽取하는 與論의調査와 또 이 國民의總意를 綜合하는意味로 世論을 널리調査하는것이 그重大使命이라 할것이다. 그런데 果然어느新聞이 그러한 機構를 만들어서 積極的인 運營을 해본일이 있는가?

다음 一般雜誌에 있어서도 어떠한 確固한 編輯觀이 있는것이 아니라 다만 發行을爲한 刊行이라할까.「刊行目的」은 形式的으로 내걸고 그 印刷行動에만 汲汲하는 傾向이 있는것이다.

其他 一般單行本出版에 있어서도 마찬가지로 民族文化의 向上發展을 期한다는것보다도 印刷物을만들어 營利를目的한 商品으로서 市場에 내어놓는다는 京鄕이많다 할것이다. 이것은 너무나 酷評일는지 모르나 低俗하고 野卑한 流行歌集이라든가, 色彩의配合, 濃度에따라 어린이들의 視覺을 害친다는 生理的 關係는 돌보지않고 많은讀者를 獲得할수있다는 點에서 國民學生을 노리는 低劣한「漫畵」等이 얼마나 쏟아저 나왔는가를보면 能히 그心理를 알수있는것이며 또한 近者의 飽和狀態에 있다할 여러雜誌群의 頹廢와 低俗한趣味의 편즙相을 보라!

그뿐만아니라 앞서도 말한바와같이 어느政黨이나 社會團體의 利用物이됨으로써 公正性을잃은 偏頗의固執을 한다거나 또는 쓸데없는 人身攻擊, 侮辱的言辭을하여 社會를 混亂시킨다든가 甚至於는 民族的良心을 잊어버리고 쏘聯의 奴隸가 되려는 以北共産徒輩의 使嗾을받어 公公然히 政府를 非難하고 民心을 煽動하여 政府와民間을 離間시키려는 反動的出版物이나 記事까지 나온다는것은 참으로 寒心한일이라 아니할수없다.

여기에 있어서 우리는 하루속히 出版文化의根本精神을 바로잡아 참으로 明朗하고 活達한 文化建設을 期하지않으면 안될것이다.

四. 政府樹立後의 狀況

昨年八月十五日 建國當時로부터 定期刊行物에 나타난 現象을 參考에 提하기爲하여 여기에揭載하면 다음과같다.

計	雜誌					新聞					通信		種別
	季六回刊	月回刊	月刊	半月刊	旬刊	週三回刊	週二回刊	週刊	隔日刊	日刊	週刊	日刊	區別
304	1	1	143	6	8	1	4	63	2	64	3	8	數1
276	1	1	127	7	6	1	4	60	2	58	3	6	數2
284	1	1	128	7	6	1	4	68	2	55	3	8	數3

(數1. 建國當時現在, 數2. 4282.5.1일現在, 數3. 4282.7.1일現在)

위에 揭載한 一覽表로써 自然 알수있는것과 마찬가지로 定期刊行物에 있어서는 그數가 줄고있는 現象이다. 이것은 위에서말한 모-든 非良心的, 非倫理的인 報道로 말미아마 法에抵觸되므로써 停刊또는 廢刊된것과 一方 人的, 또는 物的條件이 不備하므로써 能히 出版할수없다는 立場에서 自進하여 廢刊한 것도 있는것이다.

一部 良心的인 出版人으로부터 現下 人的, 物的兩面으로보아 新聞이나 日刊雜誌等을 統制하여 統合또는 廢止하므로써 强力하고 活氣있는 出版文化의 發展을 期하는것이 어떠냐는 意見을 갖어오는 人士도 있으나 政府로서는 言論의 自由暢達이라는 民主主義的立場에서 될수있는故로 앞으로도 이方針에 큰 變動이 있으리라고는믿지않는다.

그러나 新聞人들의 各自가 自進統合하여 준다면은 大邱, 釜山에 各三紙, 各道廳所在地에 二紙, 府廳所在地에 一紙程度로 줄여주었으면 健全한運營을 할

수있으리라고 생각하는 바이다. 그리고 서울에있어서는 앞으로 自滅될 日間紙가 더러 있으리라고 豫測되는것이며 現在 微微한存在로서 버티어 보겠다는 몇몇新聞은 英雄心에서나 또는 어느機關의 特殊한使命을 띠고 그責任을 履行하는것 以外에 아무意義을 차즐수없는 것이다. 그러므로 現在 運營困境을 밧고있는 數種의新聞이 自進合同하여 實力있는機關으로서 再出發하여 우리나라 文化發展을爲하여 發奮하여 주었으면 그위에 더 좋은일이 없겠다고 생각하는 바이다.

그리고 言論行政을 擔當하고있는 우리 公報處로서는 다만 言論出版界를 監視한다는 事務的立場에서 뿐만아니라 그보다도 이言論, 出版界를 어떻게 指導해나가며 育成해가느냐 하는點에 큰 使命이 있다고 自認하고 있는것이다. 이러한立場에서 우리는 出版文化가 걸어가야할 그 方向을 指示해야 할것이며, 또 言論出版에對한 根本理念을 披瀝하므로써 斯界에 從事하는 人士로 하여금 指針이되게 할것이며 注意를 喚起해야 할것이다.

五. 出版文化에 對한 留意點

그러면 新聞이나 雜誌나 其他 單行本은勿論이고 出版文化에 關係하는사람은 어떠한精神을 가저야 할것인가.

첫째 民族的良心을 가진者여야 할것이다. 다시말하면 大韓民國의 倍達民族으로서 옳은 思想과 바른 良心을 가저야 할것이다. 그리하여 全國民의 思想을 善導하므로써 合心協力하여 大韓民國을 守護하므로써 國基의泰安과 아울러 國民의幸福을 圖謀하는데 重大使命과 責任을한때리도 잊어서는안 될것이다.

둘째 眞實한報道와 참된 理論으로서 文化向上發展을 期하며 日新月進 國家隆昌에 이바지하고 나아가 世界의 進運과 竝進함을 冀圖해야할것이다.

셋째 不偏不黨의 獨特한立場에서 公平無私의 平坦한 마음으로 正義人道에 立脚하여 評論의 穩健妥當과 報道의確實을 期할것이다.

넷재 記事는 恒常 淸新하고 明朗함을 要함과 同時에 그記事報道가 一般社會에 미치는 反響을 考慮하여 宜當忠厚의풍風을 가저야할것이다.

다섯재 經營問題인데 여기에는 特殊한技術이要請되므로 人的組織과 物的完備에 留意해야 할것이다.

以上 몇가지 要項을들어 注意를 換起하는바이나 政府로서도 當然히 出版文化界의 圓滿한 向上發展을爲하여 援助協力할일이 許多할줄안다. 精神的으로는 勿論, 物質的으로도 用紙의入手難, 印刷工場의不備, 編輯人들의 人的確保問題, 印刷物의 配布輸送問題等 現在 出版界가 困難한 處地에 서 있다는것을 잘認識하여 用紙配合이라든가, 印刷機具의製造 또는 輸入이라든가, 印刷物의 分布圓滑을 期하여 關係各部處와 銳意硏究하므로써 될수있는대로 그 險路打開에 努力할것이며 援助指導를 애끼지않어야 될것이다. 그리하여 우리는 官民一致協力으로 大韓民國의 참다운 文化發展에 貢獻해야 될것이다. (筆者는公報處出版局長)

(『新天地』 4권 9호, 1949. 10)

制服없는大學生

서울의거리를 거닐적마다 생각키는것이 웨 서울거리에는 制服한大學生이 이렇게 안보이나하는것이다 소란한 三年 그사이에 구태여制帽를쓰고 大學生을 廣告할게무에냐 해서 이안이란것은 입뿐빼지를 얌지히달고다니는것으로 보아알수있고 겨우그것만으로도 一種의大學生이란 긍持를늣기기도 하리라는 點에서도 알수있다.

制服한大學生이 或은이거리에서 包險을늣겨본적은없는가? 그當局에서아즉 制服을制定안했다면은 그도相當한 큰失手에局할일이다 中學生이感激의 行進을參觀한 市民이면 누구나다 늣긴바 「하는수없어서 當局에서도 아주大學生은 抛棄할作定인가」해지는것이다.

會社員인지 職工인지大學生인지 官吏인인지 謨利靑年인지 얼른가려볼수없는 社會가 흔히말하는 自由社會일런지는 모르되大學이 眞理를探求하는 學問의집이로 國家의棟량이 길녀지는곳이라면 形式이內容을 規定할수있다는것은 여기서도 適用되는말일것이다.

先進國家에例에서 或은制服에는 곳도있으리라 그러고도좋다하게되려면은 아마 한世紀쯤은文化가높아저야 되리라므는바이다 環境의탓도많겠지만 一般大學生이 工夫에짜증이나나지안었나하는느김을 행하여市民에게안주기를바라는바다 國民은大學生에게 큰期待를 겼음만치 失望도클것이라는것이다.

(『海東公論』 제5권 3호, 1949. 12)

新人에 對하여

文學은 眞實한데서 비로소 그 價値와 生命이 있는 것이라고 생각한다. 過去의 偉大한 作品들도 아직까지 後世에, 남아있는 것들은 모두가 作品으로서 眞實되기 때문이다.

이 眞實이라는 것은 文學과 또는 人生에 대하는 作家의 態度를 말하는 것인데 아무리 高尙한 思想이라던가 哲學을 보여주는 作品이라 해도 그것이 人間을 참되게 걱정하고 참뜻으로 애끼는 態度로 쓰이지 않은 限 값있는 作品이라고 尊敬을 받기가 힘들 것이다.

그 反對로 技巧가 좀 不足하고 表現力이 약간 不及하다 해도 人生을 생각하는 잘된 마음이 크게 움직인 作品이라면 그 作品으로서의 價値는 얼마던지 있을 수 있다.

그 一例로 一次大戰後의 頹廢的인 따다이즘은 文學史的意義는 가지었을지 몰라도 藝術的 價値로서는 높이 評價하지를 못한다.

또 도스터엡스키의 文章은 좀 難澁하다고 말한다지만 그의 作品世界가 참된 人間的 苦悶을 相對로 하였기때문에 그의 作品이 높이 評價되고 있다.

文學은 아무나 할 수 있는 것도 아니며 또 아무렇게나 되어지는 것이 아니다.

괴테는 聯隊의 祖國은 聯隊라고 말한 일이 있다. 그 말은 結局 詩人의 祖國은 詩라고 解釋되는 것인데 말하자면 文學人은 文學을 自己의 祖國으로 생각하여야 한다는 뜻일 것이다.

祖國처럼 받들어야 하는 文學人의 文學世界는 가장 경건하고 가장 尊嚴하여야 할것이다.

여기에 文學人의 生理가 있는 것이다. 文學人의 피와 體溫과 體臭와 情緖가 眞實된 祖國을 向하여 뻗지 않을 수 없다.

만약 그 生理에 조금이나마 不純한 티가 섞이었다면 그는 眞實된 文學을 祖國으로 가질 수 없는 사람이다.

解放뒤 우리는 新人을 大望하였다. 그것은 이미 自己의 世界를 이룬 旣成에게 보다도 斬新하고도 보담 더 眞實된 文學을 보여 줄 新人이 必然的으로 必要했기 때문이었다.

그러나 解放後 五年이 지나도록 우리의 期待를 滿足시켜준 新人은 나오지 못했다. 물론 하루 이틀 새에 彗星같은 新人이 나오리라고는 생각지 못했지만 그래도 지금쯤 우리 文壇에 一線을 劃할만한 新人이 한둘 나옴직 한데도 不拘하고 그렇지가 못하다는 것은 저윽이 寂寥를 느끼게 한다.

旣成이라고 해서 언제나 新人만을 기다리며 新人의 뒤에 서라는 법은 없다, 그런데도 旣成 역시 解放以前의 文學世界를 뛰어넘은 이가 없다는데 新人이 나오지 못한 몇倍의 울분을 느끼는 것이지만 그것은 여기에서 말할것이 못되기에 略하기로하고 어쨌든 新人이 너무나 적게 나온 것만은 틀림 없다.

여기에는 여러가지 理由가 있으리라. 그러나 그 理由를 理由로 삼아 新人 待望의 마음을 꺾기에는 우리의 閑寂한 文壇이 너무나 외로운 感이 있다.

또 新人 不可恐이란 말로 現在까지 다른 新人을 過少 評價하기에는 우리의 마음이 좀더 너그러워야 할것이라 생각된다.

이것은 우리 文壇이 絶對로 新人을 待望하여야 하며 또 新人을 애껴야 한다는 뜻인데 그러기 爲해서는 旣成이 新人의 길을 터주어야 하겠고 또 그들을 育成하여야 하는 同時에 新人이 좀더 眞實된 態度와 進擊한 努力이 必要하다는 말도 된다. 말하자면 旣成이나 新人自身이나 連帶責任的인 關聯性속에서 우리의 文學을 上昇시켜야 할것이 아닌가.

그런데도 不拘하고 現在 新人으로서 將來의 囑望을 받아야할 文學人 가운데서 眞實된 態度에서 往往 벗어난 言動을 보여주고 있다는데 失望을 느껴본다면 이것은 傳統無視란 우리 文壇의 一大痛事라 아니할 수 없으며 아무래도 新人自身이 猛省하여야할 일이라고 생각한다.

學生이 先生을 스승으로 取扱 내지 尊敬하지않고 部下가 上司를 어른으로 보지도 않으려하는 것이 요즘의 社會的 惡潮流라고 말해 치운다면 文壇에서도 新人이 旣成을 凌蔑의 눈으로 對하는것도 社會의 一餘波로 넘겨버릴수 있을것이지만 그래도 人生에 가장 眞實되어야 한다는 文學 乃至 藝術人의 社會

에서까지 그러한 潮流에 물든다는 것은 우리의 祖國인 文學의 名譽를 爲하여 슬퍼하지 않을 수 없다.

어느 流派와 各自의 好不好로 해서 眞實한 어느 旣成이 新人의 凌蔑을 받을 理由가 없는것이다. 聯隊長이 聯隊를 떠나 地位나 名譽에 마음을 쓰게 된다면 그는 聯隊라는 祖國을 사랑하는 마음에 틈새가 생길것이 分明하다. 마찬가지로 文學人이 文學을 떠나 어떠한 政略으로서 文學人의 名譽를 붙잡으려 한다면 그는 벌써 文學人으로서 價値와 生命을 잃게 되는 것이다.

이것은 新人이나 旣成이나 꼭같은 이야기이지만 요즈음 文壇에는 眞實한 作品을 쓰기보다도 偉大한 社交陣으로서 文名을 올려보려는 이가 不少한 것 같다.

오늘의 旣成이 二, 三十年前에 新人이요, 祖國文學의 播種者이었다는 것. 그러나 그렇게 輕妄한 部類의 人間들이 아니었다는 것을 알것아닌가 特히 新人으로서는 글字 한字 한字에 文學人의 生理가 묻히어 있어야 할것이며 글 한句 글 한篇에 各己 生命이 깃들어 있어야 할것이 아닌가. 旣成을 凌駕할만 한 作品을 創作함으로써 新人된 覇氣와 實力을 보여주는것이 그들에게 있어서 오직 하나의 길이라고 생각한다.

그러한 覇氣와 實力을 보여주기 위해서는 피땀이 섞인 努力과 波濤와 같은 情熱과 바다와 같은 끈기가 必要할 것이다.

文學의 生理를 벗어난 一切의 行動은 自己의 文學을 그릇되게하는 動因이 된다는 것을 무엇보다도 먼저 알아야 한다.

作品에는 努力과 情熱과 끈기를 송두리채 바치는 일을 아니하고 發表慾과 稿料收入慾에 눈이 먼저 번쩍인다면 그것은 그래도 脈脈히 흐르는 祖國文壇의 맑은 흐름을 너무나 混濁하게만 만드는 일이 된다.

勿論 여기에는 新人을 育成하는 旣成들의 責任이 重함을 느낀다. 作品을 보는 嚴正한 눈을 딴데로 쏠리어 그만 新人으로 하여금 獨尊의 世界로 끌고 들어가는 旣成이 或이나 한 두분이라도 있지 않았는가? 或 있었다면 그것은 眞正한 意味에서 新人을 애끼는 態度라고 말할 수 없다. 애끼는것이 逆效果를 나타내는 것이 되고 만다. 모름지기 新人을 謙虛한 마음으로 人生을 眞實되게

봄으로써 偉大하고 價値있는 作品을 創作할 수 있는 原因이 이루어지는것이요 나머지는 첫째도 글 공부 둘째도 글 공부하는 것을 잊어서는 안될 것이다.

要는 文學人의 祖國이 文學에 있다는 말과 같이 文學人은 文學, 特히 作品의 世界에서만 評價된 다는 것을 忘却할 수 없다.

그렇다고해서 文學에 대한 信念에서 울어나오는 文學運動을 排擊하는것은 아니다. 우리가 붙잡고 나가야할 文學을 爲해서는 猛進하여야 할것은 贊言을 必要로 하지않는다.

다만 文學의 生理에서 떠난 作品行動이라던가 文壇政治라는 것이 文學生活의 또는 그 壽命에 플러스되기보다 도리어 마이너스가 된다는것을 말해둔다.

出世登場을 바라는 新人은 詩면 平生을 自信할수있는 詩 五十편쯤 가지고 나오라.

小說이면 短편 열, 長편 다섯을 完筆해가지고 나오라 우리도 이제 차츰 그러한 文壇年代에 서 있지 않았는가. 新人이여 自重하라.

(『民聲』 6권 4호, 1950. 4·5합병호)

2. 앙케이트 응답 및 서간

避暑地 巡禮

設問答 ―「名士推薦」

지명(地名) : 내금강 마하연(內金剛 摩訶衍)이나 표훈사(表訓寺).

노순(路順) : 만인이 다 아시는 길.

비용 : 일삭(一朔) 월액(月額) 육칠십 원.

特長 : 만폭동(萬瀑洞), 명경대(明鏡臺), 영원암(靈源菴), 수렴동(水廉洞), 망군대(望軍臺), 수미암(須彌菴), 선암(船菴), 강선대(降仙臺), 비로수즉수미제봉(毘盧水卽須彌諸峯), 유고사(楡枯寺), 구룡연(九龍淵), 옥류동(玉流洞) 모두 하룻길 한나절 길이요, 백운대(白雲臺)가 침상(寢床)이요, 중향성(衆香城)이 병풍(屛風)이니 잠자리도 편하고 연인 동반(戀人同伴)이시면 그 분만은 불지암(佛地菴)에 맡기시고 조석 문안(朝夕問安)하는 것이 도리요, 매일같이 표훈사(表訓寺) 능파루(凌波樓)에 앉으시어 귀야전(歸若殿)의 고제(故齊)된 곡선을 사랑하시면 늙지 않지요. 늙지 않으시니 좋은 곳 아닙니까. 8월 기온이 삼베옷을 절대로 못 입게 하는 곳이니 피서지(避暑地)로도 첫째 아닐까요.

(『女性』 4권 8호, 1939. 8)

(김학동 편저 『모란이 피기까지는』에서 재인용)

餘白問答

설문

1. 只今까지의 生活에서 가장 精神的乃至物質的苦痛을 當하신일

2. 理想에불타던 時節에 生覺하시든一片

3. 先生이 只今 그길에나서게된動機

4. 가을밤에읽기를 勸하고싶은 書籍

5. 先生이가지신 職業을子女에게繼承시키고 싶습니까

6. 人體構造中에 不滿이나 不便을 느끼시는일은없읍니까貴下에게 全知全能한 創造力을 賦與한다면 어떻게 改造하시렵니까(金晟鎭氏提案)

7. 꼭한가지 所願을들어준다면 무엇을願하겠읍니까(金永壽氏提案)

8. 몇살때戀愛를하셨읍니까 그리고 몇번이나하셨읍니까 또 이제戀愛를하시려면 어떤 女性을擇하시겠읍니까(金雄奎氏提案)

9. 안해있는獨身男(不和로別居 但法的離婚絶對不可能)의 處置方法(李軒求氏提案)

10. 貴下가俳優라면 무슨役을맡겠읍니까!(柳致眞氏提案)

응답

1. 十四五年前 暫時이逡巡을 不許하든 緊迫된當時의 우리社會情勢에 몰려서하마트면 큰일을 저지를 번하든때 一方 自己精神(主로藝術上) 極度의 內分裂이 생겨서 數年을두고 苦痛을 무던히 했오 物質的으로 昨今 아주 破産했으니 苦痛은當面한셈이요.

2. 殺身成仁 以身殉道

　但 仁, 道는 반드시 孔孟의 그것은않이 였지요.

3. 無別動機 中學一二年때漠然하게 哲學을 배호리라하였고 三四年級때 作

家가된다고 하이네 배르레느 꾀태를 耽讀함으로부터 비로소 詩를 밥으로였겼오 어려서부터 눈물이 좀 많었고좀서러운사람이 였읍니다

4. 배르레느詩 입센— 로스멜흠 하웁트맨 외로운 사람들 等.

5. 農夫의아들 農夫가될테지요.

6. 내가 全知全能한 創造力을 가진다면구태여사람을 만들것없지요 다 神仙仙女를 맨드러버리지요 혹 妄영으로 맨들었드래도 七八十壽命에뒤한번 않보게하고 病한번않 알코 項羽의 힘과 諸葛亮의 才操쯤점지했겠오

7. 神이여 능청冠 하나만, 가볍게 맨드러주소서 傳說의 능청冠은 한번써 놓으면全身이 않보이는 冠

8. 十四歲時. 다섯女性을사랑해보았오.

今世 黃眞伊.

9. 아마 젊은 獨身男말슴이겠는데 不和할수있는 夫婦間이라면 새론 愛人을 求하는것이 떳떳한일이요 그 法的地位를 未洽히넉인다면 좀問題인데 머 상관없지요 사랑은 苦痛이니까

10. 입센—「로스멜흠」 요한네스로스멜 役

하웁트맨— (외로운사람들)요한네스 풋케라트 役

로스랑—「시라노더벨주락」이라노 役

沙翁—「오데로」 오데로將軍 役

(『朝光』, 1939. 9)

내가 私淑한 詩人

앙케이트

1. 내가 私淑하는 시인
2. 나의 作詩 푸로그램
3. 詩評家에 대한 所望

응답

1. 폴·베르렌느를 私淑한 시절이 있었읍니다.
2. 새 해고 묵은 해고 作詩 푸로그램이 없읍니다.
3. 우리 詩壇에 어디 이렇다 할 批評家가 계십니까. 詩評을 쓰기가 여간 어려운 일이란 證佐일지요. 貴誌 四輯 李秉珏氏의 『瓦斯燈』評이 이룬 글이라 하겠오이다. 그러나 그것도 詩評集입니다.

(『詩學』 5집, 1940. 1)

(정한모·김용직, 『한국현대시요람』에서 재인용)

餘白問答

설문

1. 다시한번 職業을 選擇하신다면 어떤方面으로 나가시겠읍니까?
2. 音樂은 어떤 程度로 理解하십니까?
3. 新聞을드시면 맨처음에무슨欄을 읽으십니까
4. 故鄕은 어데이시며 그故鄕의 笑話한토막을 紹介하십시오.
5. 男便이 난봉을 필때 안해도 같이 바람을 피우면 어떻거시겠읍니까?

응답

1. 피아노를배우지요
   바요링도배우지요
2. 그저좀理解한다고나할까요 우리地方소리에는自信도갖고있오많은
3. 便宜上 政治欄을읽고
   文藝欄은 맨나중에차분히읽읍니다
4. 康津, 猥談이아니고는笑話라고紹介할게생각나지안소
5. 責任이어데있든지 그夫婦는갈러질수밖게없읍니다

(『朝光』, 1940. 4)

國會議員에 대한 세가지 質問

설문

1. 貴下가 투표 選出한 國會議員은 公約대로 行動합니까.
2. 始終一貫하게 無言擧手하는 議員을 어떻게 보십니까.
3. 無所屬議員들의 政黨 加入을 어떻게 보십니까.

응답

1. 잘 모르오.
2. 二百 選良이 다 發言을 해도 큰 일이 아니오?
3. 無所屬은 대체로 없어져야 되겠지요.

(『民聲』, 1949. 8)

民主主義에 관하여

설문

1. 當身은 民主主義를 眞心으로좋다고 생각하십니까 或은 反對하십니까 그 理由는?

2. 오늘우리의 現實에서 當身이보고들은 民主主義風에對하야 좋은點과 나쁜點

3. 貴宅에서는 어떤方法으로 民主主義를 實踐하십니까?

응답

1. 民主主義를 眞心으로 좋아합니다. 萬人이 다 意思를 表示할수있으나 그러타고 他人의 意思無視가 안되구요. 어떠한權威있는 意思에는 服從할수 있다는點.

2. 萬人各自 이自由意思를 表現할수슴이 좋은 點이기는하나 아즉 우리의 程度가 남의 좋은 意思를 얼른理解할만치 水準이 높지못하여 自己說 固執이 되는 境遇가 많으니 弊端이지오.

3. 妻를 비롯하야 아히들에 이르기까지 意思를 尊重하는데서부터 始作하고 家長으로서의 意思에 本人들이承服 納得하게까지 되닛가 强制가 있을理 없지오.

(『新天地』, 1949. 10)

사교맨스의 유행에 관하여

설문

1. 社交맨스의 流行은 抑壓할것인가?
2. 放置해도좋은가?
3. 그 理由는?

응답

1. 抑壓의 必要는없음.
2. 放任은 不可.
3. 차라리 適當한 方法을 通해서 普及시켰으면 합니다.

(『新天地』, 1950. 3)

딸 愛露에게

애노(愛奴)[1] 읽어라.

그 동안 객지에 고생이 어떠하냐. 몸이나 성하냐. 어제 네 편지를 읽고 멀쩡한 일에 네 어린 마음이 공연히 조이고 있는 것을 알았다. 사(舍) 밥이 먹기 사납다고 어느 학부형이 편지질을 했더란 말이냐. 엄마 아빠는 절대로 그런 편지를 아니 할 사람이니 걱정 말아라. 그리고 먼저번과 같이 이상한 편지가 혹 또 가더라도 사감선생께 떼지도 말고 갖다 드리면 고만 아니냐. 천만번 오기로서니 네게 무슨 책임이 있을 것이냐.

사 밥이 설령 좀 나쁘더라도 참고 맛있게 먹을 도리를 해 보아라. 그것이 첫째 큰 수양(修養)이 되는 것이다.

요새 비가 너무 아니 와서 농촌에서는 큰 야단들이다. 집에 아이들도 잘 있고 조부모님 다 안녕하시다. 안심하여라. 기숙사에 있으면 외출시간이 있더라도 함부로 나가지를 않는 법이다. 외숙댁(外叔宅)에나 일주일에 한 번쯤 가 뵈어라. 이번 네 편지 보고 엄마 아빠는 웃었다.

본제입납(本弟入納)을 지자(紙字)로 썼구나. 이담부터는 고쳐 써라. 외삼촌은 외숙(外叔)님이라고 써 버릇해라. 하식(河植)이 삼촌은 숙부(叔父)시고, 익환(益煥)이 삼촌은 외숙이시다. 한자(漢字)를 조심(操心)해서 써라. 안 쓰는 것과 잘못 쓰는 것과는 문제가 처음부터 다르다.

아버지가 요새 좀 바빠서 너한테 못간다. 그러나 너무 집 생각만 하여서는 안 된다. 무엇보다도 공부, 공부가 제일 아니냐. 그리고 병후(病後)의 봄이니 특히 몸조심하여라. 참 잊은 말이 있다. 아버지는 현구(玄鳩) 오빠와 이 며칠 새에 지리산엘 가기로 작정했다.

작년에는 한라산에 갔다 오지 않았니. 서울 정 선생이랑 올해는 지리산이다. 한라산만큼 높고 깊고, 넓기는 오히려 더하다는 지리산, 아버지가 짧은 양복바지에 룩색를 메고 올라가면 사흘이면 갔다 온다. 비를 만날까가 좀 염려

---

1) '애노(愛奴)'는 '애로(愛露)'의 오식으로 보인다.

지만 상봉에 오르면 전라 경상 사도(全羅慶尙四道)가 눈아래 있다 하니 장엄
하지 않겠느냐. 명산순례(名山巡禮)를 아버지맘 때 아니 하면 늙어서는 할 수
없다.

백두산만 가 보면 아버지의 소원이 다 이루어지지마는 그곳은 더 큰 계획
이 서야 가는 데이니 2, 3년 후에로 밀기로 한다. 지리산에 대한 지리 사적(地
理史蹟) 아버지가 잘 조사해다 일러 주마. 오늘은 이만 줄인다. 부디 몸조심하
여라.

7월 13일 부서(父書)

(홍윤기 편저 『시인의 편지』, 한림출판사, 1986에서 재인용)

제 3 부 영랑시 연구논문

김영랑시 연구

1. 서언

지금까지 이루어진 영랑시에 대한 대부분의 연구는 초기시의 순수성, 서정성에 대해서만 집중적으로 논의를 전개해온 것으로 보인다. 이러한 연구 태도는 부분적인 시세계에만 논의를 집중함으로써 편협된 시각을 보여주어 한 시인외 전체 시세계를 포괄하는데 한계를 드러내고 있다. 더욱 문제인 것은 이러한 편협된 시각을 통하여 영랑 시세계에 대한 찬반양론의 평가가 이루어지고 있다는 사실이다.

따라서 영랑시를 순수 서정시라는 전제하에 살펴본 논문들은, 시어의 향토성과 운율적인 섬세함에 의해 내 마음의 세계를 은은함과 촉기로 표상한 영랑시를 순수 유미주의의 극치라고 긍정적으로 평가하고 있다.[1] 한편 부정적인 평가를 하고 있는 논문들은 영랑시가 삶의 어두운 그늘과 고통스러운 내부를 노래하고 있는 것처럼 보이지만 경험적 현실의 역동성을 제거하고 그것을 다만 심미적 일락의 재료로 추상한 것이라고 비판하고 있다.[2] 이처럼 상반된 평가가 이루어지게 된 까닭은 영랑시에 접근하는 방법론상의 문제에도 기인하지만, 보다 근본적인 이유는 영랑시의 전체 작품을 대상으로 하지 않고 논의를 전개하였기 때문으로 보인다.

그리하여 기존의 연구가 보여준 일정한 한계를 극복하기 위해서는 순수·서정성이 형상화된 초기시와 더불어 현실 인식과 집단 의식이 충만한 중기시와 후기시를 포괄하는 본격적인 영랑시 연구의 필요성이 대두된다. 영랑의 초기시가 중기시나 후기시에 비해 작품 편수에서 절대 다수를 차지하고 있고, 작품의 완결성과 언어미학적 측면에서도 상대적인 우월성을 보여주고 있기는

---

1) 정한모, 「김영랑론」, 『현대시론』, 민중서관, 1973.
2) 김흥규, 「영랑의 시와 세계인식」, 『세계의 문학』, 1977년 가을호.

하다. 그러나 한 시인의 시세계를 논의하는 시인론의 경우, 한 시인의 작품 세계에 대한 조망은 전체 작품을 대상으로 연구되어야 함은 당위성을 넘어 필연성을 갖는다.

영랑은 그의 생애를 통한 작품 활동 기간 중 두 번의 휴지기를 보여주고 있다. 그는 『詩文學』(1930)에 작품 발표를 시작하여 『永郎詩集』(1935)을 간행한 다음 3년여 동안 작품 활동을 중단한다. 이후 영랑은 1939년 1월 『朝光』에 「거문고」와 「가야금」을 발표한 이래 1940년 8월 『人文評論』 11호에 「집」을 발표하고 작품 활동을 중단한다. 다시 영랑은 1946년 12월 10일 『동아일보』에 「북」을 발표한 뒤 사망에 이르기까지 작품을 발표하고 있다. 이와같은 두 번의 작품 발표 중단을 통하여 영랑시는 각 시기별로 형식적인 측면에서나 의미 구조적인 측면에서 새로운 변모 양상을 보여주고 있다. 이같은 변모는 시인이 몸담고 있는 시대적 현실이 변화하고 그에 따라 변화된 시인의 현실 인식이 작품에 반영되었기 때문일 것이다. 또한 시인 자신의 정신적 변화에 따른 가치관과 세계관이 변모되어 작품으로 형상화되었기 때문일 것이다.

따라서 이 글은 영랑시를 작품 발표상의 휴지기를 기준으로 하여 시기를 구분한3) 다음 그 시기별 변모 양상을 살펴보고자 한다. 왜냐하면 이러한 작업을 통하여 시인이 변화하는 시대적 현실에 반응하는 변모 양상이 밝혀질 수 있고, 이러한 변모 양상을 밝히는 일은 곧 영랑 시세계의 전체 모습을 온전하게 조망하는 길이기 때문이다. 그럼으로써 앞에서 언급한 기왕의 영랑시에 관한 연구들이 노출하고 있는 한계가 극복될 수 있으리라고 보기 때문이다.

시에서 의미 형성에 개입하는 요소들은 언어의 의미론적 층위 뿐만 아니라 음운론적 층위, 형태론적 층위, 구문론적 층위 등 텍스트에 사용된 모든 언어적 요소들과 그것들의 배열이라 할 수 있다. 즉 시어의 빈도수, 핵심어, 시간성, 공간성 등의 의미론적 기능 외에도 음소, 구두점, 리듬, 문체, 통사 구조등 다양한 언어적 요소들이 의미 내용의 조성에 간여한다.

---

3) 초기시: 1930-1935 『永郎詩集』 출간까지; 54편
　　중기시: 1939. 1. 『朝光』 5권 1호의 「거문고」-1940. 8. 『人文評論』 11호의 「집」까지; 14편
　　후기시: 1946. 12. 『동아일보』의 「북」-1950. 6. 『新天地』 5권 6호의 「오월한」까지; 18편

러시아 형식주의자들이 문학의 형식과 내용의 분리를 지양하고 하나의 유기체로 보았듯이, 시에서 각종 언어적 요소들은 의미의 조성과 불가분의 관계가 있다. 뿐만 아니라 시에서의 의미의 파악과 분석은 또 다른 문제를 제기한다. 그것은 다름 아닌 우리가 시의 의미를 해석함에 있어 글쓴이가 의도한 의미를, 아니면 텍스트의 어휘가 지시하는 의미를, 아니면 텍스트에 대하여 독자가 생성해내는 의미를 목표로 하느냐이다. 이것은 시의 해석학적 방법론의 문제이다. 그러나 문학 작품의 해석은 많은 해석자들이 타당하다고 인정할만한 의미의 영역을 구현하고 있다. 그리하여 우리는 의미 해석을 텍스트 자체의 모든 부분적 요소들이 실질적으로 연결되어 나타내는 전체적 의미에서 찾음과 아울러 필요한 모든 참고 자료를 원용함으로써 해석의 인상주의와 상대주의적 견해를 거부하고 객관주의적 자세를 견지할 것이다.

여기에서는 주로 텍스트 자체의 의미에 주목하여 영랑시의 내용과 주제를 분석하면서, 그것이 시기별로 어떠한 변모 과정을 겪으며 어떠한 측면에서 지속성을 유지하는 가에 관심을 두고자 한다. 따라서 시기별로 시적 화자의 세계내체험이 어떻게 변용되어 나타나는가를 언어시학적 측면에서 구명하기로 한다.

2. 우수와 동경의 세계

많은 연구자들이 지적한 것처럼 영랑의 초기시는 '내 마음'의 정서를 형상화하고 있다. 시어의 십중노를 분석하여 본 결과, '나'와 '마음'이라는 시어가 빈도수에 있어 탁월하게 나타난다. 그리하여 '내 마음'이라는 시적 대상에 대한 시인의 과도한 관심의 일단이 드러난다.4)

---

4) 송영목(「한국시 분석의 가능성」, 『현대문학』, 1966. 2, 115쪽)은 영랑시 70편을 대상으로 "애용시어표에 나타난 시어 중 '내'가 53회, '마음'이 52회, 그 외는 대개 30회 미만이다." 라고 하고 있고, 정한모(『현대시론』, 민중서관, 1973, 182-183쪽)는 "전 70편 중 '마음'이 51건, '가슴'이 5건으로 도합 56건의 '마음'이 등장하고, '나'는 '나의', '내', '나'에 속하는 말들이 61건이 나오고 있다."고 하고 있다.

	가슴	마음	계	총어휘수	비율(%)
초기시	14	36	50	2,413	2.07
중기시	3	12	15	1,154	1.30
후기시	6	11	17	2,264	0.75
계	23	59	82	5,831	1.41

5)

이와 같은 시어의 빈도수에서 드러나는 결과에 따라, 영랑시의 초기시가 지향하고 있는 시적 대상을 '내 마음'이라고 볼 수 있다. 그러나 시의 의미 구조는 어휘 빈도수에 의해 규정되는 것은 아니다. 빈도수가 적은 시어일지라도 한 편의 시의 문맥 속에서 총체적인 의미화에 핵심적인 기능을 담당하는 어휘가 있을 수 있기 때문이다. 어휘의 통계자료에 따른 의미의 규명은 그 자료의 빈도수가 전적으로 우선시되는 경우보다, 기술적인 차원의 의미를 보강하거나 입증하는 자료로서 활용되어야 할 것이다.

김영랑의 초기시는, 그 어휘별 빈도수를 통계적으로 처리한 자료를 그 논거로 삼을 때 시적 화자의 내면 세계 즉 내 마음의 세계를 형상화하는데 있다고 보여진다. 그렇다면 문제는 '내 마음'의 정서 즉 시적 자아의 내면 세계는 어떠한 의미를 지니고 있느냐 하는 것이다.

대부분의 '마음'을 소재로 한 영랑의 초기시들은 '내 마음'으로 표상되는 시적 화자의 내면 세계를 시적 대상으로 하고 있으면서도, 그 대상의 구체적 면모를 드러내지는 않고 있다. 그 이유는 다음의 두 가지 측면 때문으로 보인다. 첫째는 '마음'이라고 하는 시적 대상 자체의 본질적인 추상성과 가변성에서 기인되는 것이라고 할 수 있다. '마음'이라는 어휘는 의식, 감정, 생각 따위의 정신적인 작용의 총체로 풀이되어 있다.6) 마음이란 우리들이 구체적으로 지각할

---

5) 필자가 영랑시 86편을 대상으로 전산처리한 결과에 의하면 '가슴'이 23회, '마음'이 53회, '맘'이 6회로 도합 82회의 빈도수를 보이고 있다. 그 중에서도 특히 초기시의 '마음'의 어휘빈도수가 중·후기시에 비해 대략 두 배 정도에 달하고 있다.

6) Paul Edwards, *The Encyclopedia of Philosophy*, New York; The Macmillan Company & The Free Press, 1978.

수 있는 물질적인 사물이 아니라 감각으로는 확인할 수 없는 추상적인 현상이다. 또한 의식이나 감정 생각 등은 고정적인 실체가 아니라 가변적이고 변화무상한 정신 작용이라 할 수 있다. '마음'이라고 하는 내면의 정신적 상황을 구체적으로 인식하고 진술한다는 것은 근본적인 한계를 지니고 있다. 하물며 자기가 자신의 내면 세계인 마음을 들여다보는 자아 성찰에 있어서도 불명확하고 불분명한 한계성을 지니고 있는 터에 타인의 마음을 안다고 하는 문제는 더욱 많은 어려움을 안고 있을 것이다. 그러나 그렇기 때문에 인간은 더더욱 타자와의 의사 소통과 교감을 희구하는 지도 모른다. 둘째는 김홍규[7]가 지적했듯이 마음의 애매성은 '외계의 객관적 실재성이 완전히 증발한 나머지' 빚어진 결과라 할 수 있다. 달리 말하자면 마음이라고 하는 거울에 반영되거나 투영될 그 어떤 대상 즉 체험·현실을 사상시켜 버리는데서 유발되는 것이라 할 수 있다. 이러한 관점에 따라 살펴보면 영랑시의 '마음'에 작용하는 정신은 의식이나 생각보다는 감정의 측면에 더 가깝다 할 수 있다. 그런데 여기서 다시 마음 속에 일어나는 정신 작용들인 의식·감정·생각 등을 구체성의 척도에 따라 분류하여 보면, 감정보다는 의식이, 의식보다는 생각이 보다 더 구체적이고 선명하다 할 수 있다. 즉 영랑시에서 빈번히 등장하는 '내 마음'의 세계가 '은은함'과 '뉘앙스'[8]의 모습을 띠고 있는 것은 마음의 정신 작용 중 감정이나 정서를 시적 대상으로 삼고 있기 때문이다. 그것은 또한 화자가 외부 세계의 구체적인 현실이나 체험을 의식적인 차원에서 차단하고 자신도 알 수 없는 내면 세계에 칩거함으로써 더욱 상승작용을 일으킨다.

이제 우리가 추구해야 할 문제는 영랑 초기시의 시적 공간이라 할 수 있는 화자의 내면 세계가 어떻게 채색되어 있으며, 화자의 내면 의식이 지향하는 바는 무엇이며, 화자의 내면 의식에 외부의 사물은 어떻게 투영되고 있느냐 하는 것이다. 따라서 여기서는 소재 선택의 측면에서 '내 마음'의 의식이 지향하는 바를 규명함과 아울러 그 지향하는 바가 어떠한 근거에서 기인되는가 하는 것을 살펴보기로 한다.

7) 김홍규, 「영랑의 시와 세계인식」, 『세계의 문학』, 1977 가을호.
8) 신동욱, 「김영랑의 슬픔과 시」, 『우리시의 역사적 연구』, 새문사, 1981.

내마음을 아실이
내혼자ㅅ마음 날가치 아실이
그래도 어데나 게실것이면

내마음에 때때로 어리우는 티끌과
소김업는 눈물의 간곡한 방울방울
푸른밤 고히맺는 이슬가튼 보람을
보밴듯 감추엇다 내여드리지

아! 그립다
내혼자ㅅ마음 날가치 아실이
꿈에나 아득히 보이는가

행말근 玉돌에 불이 다러
사랑은 타기도 하오련만
불비테 연긴듯 히미론 마음은
사랑도 모르리 내혼자ㅅ마음은

「내마음을아실이」[9]

4연으로 되어 있는 이 작품은 화자가 자아의 내면 세계인 '내 마음을 아실
이'를 갈구하는 언술을 독백하는 형식으로 되어 있다. 그러나 각 연에서 '마
음'이란 어휘를 빠트리지 않고 반복하고 있으면서도 정작 마음의 구체적인 상
황은 적시되어 있지 않다. 즉 화자의 내면 세계를 알아 줄 어떤 상대를 원하
면서도 자신의 내면 세계를 구체적이고 선명하게 밝히고 있지는 않다.

1연은 '내 마음'을 알아줄 타인이 부재함을 노래하고 있다. '내 마음'을 '날
가치 아실 이'가 없는 상황에 처한 화자는, 3행에서 타인의 부재에 대한 완전
한 확인 즉 단정을 유보하는 가정법적 진술을 간절한 어조로 토로하고 있다.

---

9) 본고에 인용하는 시들은 처음 발표되었던 작품들을 원본 텍스트로 삼는다.

'그래도'라고 하는 부사는 화자의 내면 세계를 공감할 수 있는 사람이 현재 부재하고 있다는 상황 인식을 지시함과 아울러 만약 그러한 타인이 존재한다면 이라고 하는 바람을 조건 구문을 통해 이중적으로 나타내고 있다. 1연의 이러한 표현은 자신의 내면을 공감하는 타인이 부재한다는 부정적·비관적 의미를 표출함에도 불구하고 그러한 의미 내용이 직접 노출되지 않으므로써 20년대 시들에 빈번히 드러났던 감상성을 효과적으로 극복하고 있다.10)

2연은 현실적으로 자신과 공감할 수 있는 타자는 부재하지만, 그래도 만약 어디에 존재한다면 그 때를 위해 '티끌'과 '눈물'과 '이슬'로 표상되는 삶의 의미를 보배처럼 간직했다가 드린다는 것이다. 2연에서는 1연에서의 부재 의식을 미래 가정으로 극복하려는 태도를 보여주고 있다. 그러나 그러한 극복의 태도 역시 자신의 내면 세계를 이해해주는 타인의 존재가 확실히 존재한다는 신념이나 의지로 비춰지지 않고 있다. 2연을 해독함에 있어 보다 중요한 것은 '마음'이라고 하는 추상명사의 의미가 간접적으로 노출되어 있다는 점이다. 그것은 생의 좌절이나 어려움을 '티끌'로, 슬픔을 '눈물'이라는 객관적 상관물로 치환하여 그러한 것들이 '내 마음'을 형상화하고 있는 구성 요소라는 것이다. 3행에서는 마음 속 좌절이나 슬픔이 밤이라는 시간적 배경을 통하여 '이슬'과 같이 투명한 '보람'으로 변용되는 놀라운 상상력을 보여주고 있다. 여기서 '마음'을 구성하는 정서를 '티끌'과 '눈물'로 제시하였는데, '때때로 어리우는'의 수식을 받는 '티끌'은 삶의 어려움이나 좌절이 지속적이 아니라 일시적임을 나타내고 있고, '소김업는'의 수식을 받는 '눈물'은 마음 속 정서 중 '슬픔'을 진실의 차원으로 승화시키고 있다. 3행에서는 1·2행에서의 이와같은 정서를 '이슬같은 보람'으로 전환시키는 시간적 배경인 '밤'을 '푸른'으로 수식함과 아울러 '이슬'이 '고히' 맺어진다고 수식함으로써 '보람'의 긍정적인 특성을 강화시켜주는 효과를 거두고 있다.

그러나 시적 화자는 다시 3연에서 '내 마음을 날가치 아실 이'의 부재에 대한 인식을 보이면서 그러한 부재에 대한 안타까움을 '그립다'라고 하는 영탄

---

10) 20년대 초반의 『창조』, 『폐허』, 『백조』 등의 많은 시인들은 우리 고유의 전통적 정서나 모국어에 대한 깊이 있는 애정을 도외시한 채 번역투의 생경한 어휘를 사용하여 막연한 우울이나 비애와 같은 퇴폐적이고 세기말적인 정서의 어설픈 형상화에 골몰하였다.

적 어조로 표현한다. 3행에서는 현실에서 화자의 내면인 마음을 알아 줄 사람
이 부재한다는 인식과 아울러 '꿈'에서도 역시 부재한다는 깨달음의 표현을
'꿈에나 보이는가'와 같은 설의법의 구문을 통하여 강조하고 있다. 결국 화자
는 현실에서 뿐만 아니라 '꿈'으로 대변되는 상상력의 세계에서도 역시 '내마
음을 날같이 아실이'가 부재한다는 비관적 현실 인식과 비극적 세계관에 이르
고 있다. 이와같은 '나'와 '타인'과의 교감의 단절에 대한 인식으로 인하여 화
자는 더욱 깊은 절망의 심연에 빠지게 되며, 그럴수록 화자는 자기 폐쇄적인
성향을 띠게 된다. 즉 화자는 외부 세계와의 단절로 인한 '고립주의의 자아
상'11)을 보여주게 된다.

4연은 2연에서의 '티끌'과 '눈물', '보람'과 같이 마음에 얼비치는 '사랑'이라
고 하는 또 다른 감정을 표현하고 있다. 즉 '마음'에 일어났다 스러지는 여러
정서들 중 '티끌'과 '눈물'이 부정적이며 구체적 이미지를 가지고 있는 것인
반면 '보람'과 '사랑'은 긍정적이며 비구체적 이미지를 갖고 있다. 말하자면 4
연은 긍정적인 정서인 '사랑'과 '마음'의 관계에 대해 이야기하고 있는데, '내
혼자 마음'은 인식의 주체가 되어 '사랑'도 모른다고 하는 절대적 고립감과 비
관적 인식에 쌓여 있다. 그 '마음'은 '연기'처럼 사물을 가리는 상태로서, '마음'
속에 긍정적이고 바람직한 '사랑'이라고 하는 가치조차도 알지 못하는 것으로
나타나고 있다. 즉 3행과 4행은 행간걸침(Enjambment)의 형태로서, '히미론
마음은'이 주어로 '사랑도 모르리'가 서술어로 2행에 걸쳐 배열되어 있다.

이 「내마음을 아실이」에서 분석하여 본 것처럼 영랑시에서 빈번히 등장하
는 '내 마음'의 세계는 구체적 실체로 드러나는 시적 대상이 아니라 어스름하
고 은은한 것이라 할 수 있다. 「四行小曲 — 뵈지도 안는」12)은 이와 같이 '마
음'의 불투명한 상태를 시적 테마로 삼고 있다.

---

11) 김준오, 「비가적 세계와 순수자아」, 『가면의 해석학』, 이우출판사, 1987.
12) 「四行小曲」은 본래 개별 작품의 제목이 없이 "四行小曲"이라는 명칭 아래 묶여 발표된
   것이다. 여기서는 변별성을 위해 필자가 임의로 「四行小曲」 다음에 첫행의 두 구를 표기
   하기로 한다. 이하 같음.

　뵈지도 안는 입김의 가는 실마리
　새파란 하날쓰테 오름과가치
　대숩의 숨은마음 기혀 차즈려
　삶은 오로지 바늘씃가치
　　　　　　「四行小曲 — 뵈지도 안는」

　이 작품도 '마음'의 정체가 구체적으로 표상되어 있지 않는 의미 구조를 가지고 있다. 하나의 문장을 1·2행과 3·4행으로 각각 나누어 배열하고 있는 이 시에서, 1·2행 문장의 주어는 '입김의 가는 실마리'이며, 3·4행 문장의 주어는 '삶은'인데, 두 문장 모두 서술어를 생략하고 있다. 이와같은 서술어 생략은 1·2행과 3·4행의 핵심어인 '입김'과 '마음'의 비가시성과 비실체성을 더욱 효과적으로 지탱시켜줌으로써 애매성을 유발한다. 왜냐하면 1행에서 주어인 '입김'은 존재는 하지만 시각적으로 확인할 수 없는 비가시적 특성을 지니고 있으며, 3행의 목적어인 '마음' 역시 '대숩'에 숨어 있으므로 해서 실체를 드러내지 않는 상태이기 때문이다.

　이 시는 1·2행과 3·4행에서 모두 '가치'의 형식으로 비유를 사용하고 있는데, 1·2행의 비유는 3·4행의 원관념에 대한 보조관념으로 기능하고 있다. 3·4행의 경우는 '삶'의 지향점이 '숨은 마음'인데, 그 추구의 강렬함을 '바늘씃'의 예리함으로 비유하고 있다.

　이 「四行小曲 — 뵈지도 안는」에 삶의 궁극적 목표로 표상된 '마음' 역시 숨어 있는 상태로 그 본질 혹은 실체를 드러내고 있지 않다. 이 작품에서 '마음'의 비실체성은 의미론적 차원 외에도 서술적 생략에 힘입어 더욱 강화되고 있다.

　영랑의 초기시가 '마음'의 구체성을 드러내고 있지 않는 것은 마음이 '생각'이나 '의식'의 차원이 아니라 '감정' 즉 정서의 차원이기 때문이다. '마음' 속의 정서는 '생각'이나 의식에 비해 그 선명성이나 구체성에서 더 미약하기 때문이다. 그렇더라도 이제 우리는 불가해한 영랑시의 '마음'속 정서의 색깔을 살펴 볼 차례가 되었다. 즉 영랑의 초기시가 '내 마음'의 정서를 주로 표백하고

있는데, 그 시적 자아의 내면 세계를 이루고 있는 정서가 어떠한 것인가 하는
것을 알아 보자는 것이다.

수없이 지적되어 왔듯이 영랑의 초기시는 슬픔과 비애의 정조라는 공통분
모를 간직하고 있고, 대체로 '내 마음'으로 대변되는 자아의 고립 속에서 토로
되는 슬픔과 비애가 주조를 이루고 있다.

> 저녁째 저녁째 외로운마음
> 붓잡지 못하야 거러다님을
> 누구라 부러주신 바람이기로
> 눈물을 눈물을 쎄아서가오
>
> > 「四行小曲 ― 저녁째 저녁째」

4행으로 된 이 작품의 의미는 시적 화자의 외로움과 슬픔에 대한 형상화라
할 수 있다. '저녁'이라고 하는 서정적인 시간 배경에서, 화자가 '외로운 마음'
을 다스리지 못하고 방황하면서 느끼는 슬픔이 사라진다는 것에 대한 안타까
움이 드러나 있다. 즉 시적 화자는 '눈물'로 표상되는 슬픔의 정조가 사라지는
것에 대한 안타까움을 토로하고 있다. 그런데 여기서 중요한 것은 슬픔을 유발
하는 자극이나 원인이 명확하게 제시되어 있지 않다는 점이다. 이러한 태도는
20년대 시들에서 유행하다시피한 근거없는 막연한 슬픔의 구가와 상통하는 측
면이 있다. 즉 20년대 시들의 주조를 이루고 있는 충동적, 몽환적, 감상적인 낭
만주의의 한 양상을 이루고 있는듯 하다. 그러나 한편 영랑시의 슬픔이나 비애
는 20년대 시들의 영탄이나 감상 혹은 과잉의식에 기울어지지 않고 '마음'의
내부로 향해 있을 뿐만 아니라 차분하게 가라앉아 있다는 점에서, 전대시들의
슬픔이나 비애와 성격을 달리한다. 때문에 이러한 점에서 영랑시가 1930년대
시사의 선구적 입장에 위치하고 있다는 평가를 받아온 것으로 보인다.

> 빈 포케트에 손찌르고 폴·예를레-느 찾는날
> 왼몸은 흐렁흐렁 눈물도 찌끔 나누나

오! 비가 이리 쑬쑬쑬 나리는 날은
서런 소리 한千마대 썻스면 시퍼라
　　「四行小曲 ― 뷘 포케트에」

　이「四行小曲 ― 뷘 포케트에」는 '비'라는 서정적인 사물과 이국 정취가 물씬 풍기는 외래어 사용으로 인하여 비애의 정조가 한껏 고양된 분위기에서, 시적 화자는 '서런 소리 한千마대 썻스면 시퍼라'와 같은 강력한 슬픔의 향유를 바라고 있다.

　그러나 이 시에서도 '슬픔'을 유발하는 원인이 밝혀져 있지 않을 뿐 아니라, 화자는 '슬픔'을 일종의 풍류적인 멋으로 바꾸어 버린다. 이와같이 '슬픔'이나 '비애'의 유발 원인이 문면에 밝혀져 있지 않고, '슬픔' 자체를 시적 향유의 대상으로 삼고 있다는 점에서 영랑의 초기시는 막연하고 은은한 뉘앙스의 시학으로 규정되기도 한다.13) 영랑시의 초기시는 '슬픔'이나 '비애'를 노래하고 있으면서도, 그러한 슬픔이 영탄적이거나 감상적인 것이 아니라 차분하게 가라앉은 정조라는 점에서 유미적 서정시로 평가받아 왔다. 즉 슬픔을 심미적으로 처리하여 감각의 황홀을 추구하는 것은 영랑 자신이 깊이 인식한 예술적 원리였던 것 같다.14) 이와 같은 유미주의적 태도는 영랑 자신이 『永郎詩集』(1935)의 첫머리에 "(아름다운 것은 영원한 기쁨이다) a thing of beauty is a joy forever"라는 키이츠의 말을 인용한 것으로부터도 시사받을 수 있다. 영랑시가 슬픔을 심미적으로 전환하여 유미적 서정세계를 추구하려 하고 있다는 지적은 박용철15) 이래 서정주16)를 거쳐, 김흥규에게까지 일관되게 이어지고 있다.

---

13) 신동욱, 앞의 논문, 216쪽 참조.

14) 김흥규, 앞의 논문, 70쪽.

15) 그는 唯美主義者다 ― (중략) ― 詩에는 世界의 政治經濟를 變革하려는 流의 野心은 秋豪도 없다. 그러나「너 참 아름답다 거기 멈춰라」고 부르짖은 한 瞬間을 表現하기 위하야 그 감동을 言語로 變革시키기 위하야 그는 捨身의 努力을 한다. 박용철,「시단의 일년의 성과」,『朝光』, 1936, 12.

16) 男唱으로 林방울의 소리를 좋다하고 女唱으론 李花 中仙과 그 아우 李中仙의 소리를 좋다고 紹介하면서, 特히 李中仙의 소리엔「燭氣」가 있어 더 좋다고 했다.「燭氣」라 하는 것은 무엇인가 물으니, 그것은 같은 슬픔을 노래 부르면서도 그 슬픔을 딱한데 떨어뜨리지 않는 싱그러운 音色의 기름지고 生生한 기운을 말하는 것이라 했다. 서정주,「김영랑

박용철은 자아의 외부 세계에 대한 관심의 표명 없이 오직 자아의 마음 속에 일어나는 순간적 감정을 포착해내는 것이 영랑시의 특징이라고 지적하고 있다. 그는 영랑시에서 순간적 감동은 예외없이 유미주의적 서정으로 드러난다는 것을 지적하였다.

서정주는 영랑과의 대화를 인용하면서, 영랑이 말한 '燭氣'— 영랑시의 슬픔을 딱한데 떨어뜨리지 않는 싱그러운 음색의 기름지고 생생한 기운 — 를 바로 영랑시의 '슬픔'의 특징으로 설명하고 있다. 같은 맥락에서 서정주는 영랑시의 슬픔이 '감상에 빠지지 않고 재래 동양적인 哀而不傷하는 고결성을 띠고 있다'17)고 한 바 있다.

영랑의 초기시가 슬픔과 비애의 정서를 노래하면서도, 그 슬픔과 비애를 유발하는 매체이자 원인이 적시되지 않고 막연하고 은은한 슬픔의 분위기만을 조성한다는 측면에서 불란서 상징시들과의 영향 관계가 지적되기도 하였다.18) 김영랑이 불란서 상징주의 시인들 중의 하나인 베를레느(P. Verlaine)의 시를 읽어 보았다는 것은 확실하다.19) 김영랑과 베를레느는 몽롱하고 불투명한 분위기, 나른한 선율과 뉴앙스를 통해서 내적 정조인 슬픔과 비애를 노래한다는 점에서 동일한 태도를 보여준다.

이와같이 '심미적 전환'을 통하여 감상성을 극복한 영랑의 초기시는 한편으로 절묘한 리듬감 즉 음악성의 구현에 힘입은 바 크다고 보여진다. 이러한 까닭에 영랑의 초기시는 대체로 '내 마음' 속에 내재한 슬픔의 정서를 뛰어난

과 그의 시」, 『한국의 현대시』, 일지사, 1969, 178쪽.

17) 서정주, 앞의 논문.
18) 서준섭, 「김영랑시에 대한 비교문학적 고찰」, 『국어교육』 33호, 1978, 12.
19) 영랑은 『詩學』 5집 (1940. 1)의 3문항으로 된 앙케이트 조사에서, 그가 사숙한 시인으로 베를레느를 들고 있으며, 앞에 인용한 시작품에서 베를레느를 시어로 사용하고 있다는 점에서도 그렇게 보인다. 관련문항을 인용하면 다음과 같다.

          앙케이트

       질문
     1. 내가 사숙한 시인

       응답
     1. 폴. 베를레느를 사숙한 시절이 있었읍니다.

리듬에 실어 유미적으로 노래한 것으로 이해된다.

그렇다면 우리는 이제 '내 마음' 속에 내재한 '슬픔과 비애'의 정체를 분석해야 할 차례가 되었다. 대부분의 영랑시에서 슬픔과 비애의 의미는 구체적이고 명확하게 제시되어 있지 않다. 그러나 행간의 이면을 천착해 보면 슬픔이 자신의 정체를 어슴프레하고 은은하게 드러내게 되는데, 그것은 대체로 상실감으로 표현되어 있다. 즉 영랑시의 시적 화자가 슬픔과 비애를 느끼게 되는 원인은 상실감에서 기인되는 것으로 보여진다.

1) 못오실 님이 그리웁기로
   흐터진 꽃닙이 슬프렛든가
   빈손 쥐고 오신봄이 거저나 가시련만
   흘러가는 눈물이면 님의마음 저지런만

   「四行小曲 — 못오실 님이」

2) 그색시 서럽다 그얼골 그동자가
   가을하날가에 도는 바람슷긴 구름조각
   핼슥하고 서느라워 어대로 떠갓스랴
   그색시 서럽다 옛날의 옛날의

   「四行小曲 — 그색시 서럽다」

3) 어덕에 누어 바다를 보면
   빗나는 잔물결 헤일수 업지만
   눈만 감으면 떠오는 얼골
   뵈울적마다 꼭한분이구려

   「四行小曲 — 어덕에 누어」

인용된 4행시들은 슬픔과 비애의 정조를 '내 마음'의 바탕으로 하고 있는 바, 그 슬픔과 비애의 생성 원인은 작품 1)에서는 '못오실 님'으로, 작품 2)에서는 '옛날의 그색시'로, 작품 3)에서는 '눈만 감으면 떠오는 얼골'로 표상되어 있다.

1)은 '님'과 서정적 화자인 '나'와의 교감할 수 없는 현실적 상황에 대한 인식에서 야기되는 '슬픔'과 안타까움을 형상화 하고 있다. 1행은 화자의 입장에서 상실한 '님'에 대한 그리움을, 2행은 상실한 님에 대해 화자가 느끼는 슬픔의 감정을 객관적 상관물인 '흐터진 꽃닙'을 통하여 설의적 표현으로 그려내고 있다. 따라서 3행에서는 님을 상실한 슬픔에 젖어 있는 화자에게 시간적 배경인 '봄'도 '븬손 쥐고 오신' 것으로 인식되는 것이다. 4행은 님의 상실로 인하여 느끼는 화자의 슬픔이 '님의 마음'에까지 흘러가 닿아 교감할 수 있었으면 하는 안타까움과 희구의 심정이 생략의 여운을 통하여 잘 드러나 있다.

2)는 과거 회고적인 작품으로, '옛날의 색시'를 상실하고 난 화자의 슬픔과 그리움이 안타까움의 어조로 묘사되어 있다. 1행은 '옛날의 색시'에 대한 모습을 떠올리면서 상실에 대한 서러움을 직설적으로 토로하고 있으며, 2·3행에서는 '색시'를 '구름'으로, 상실의 의미를 '떠갓스랴'로 은유화 하고 있다. 4행은 1행의 반복을 통하여 역시 사라져 버린 색시에 대한 슬픔과 그리움을 안타까움의 어조로 표상하고 있다.

3) 역시 상실한 님에 대한 화자의 선명하고 회고적인 서정을 의미구조화 하고 있다. 1·2행은 시적 화자가 현실에서 현상계를 인식하는데 대한 한계를 3·4행에 대한 조건구문의 형식으로 이야기하고 있다. 3·4행은 화자가 1·2행에서 드러난 구체적인 사물에 대한 인식의 한계에도 불구하고, 비현실적 님을 선명하고 생생하게 기억할 수 있다는 그리움의 강도를 그려내고 있다.

지금까지 우리는 영랑시의 시적 공간이 '내 마음'의 세계라는 것과, 그 '내마음'의 시적 공간을 물들이고 있는 정서는 감상성을 극복한 슬픔과 비애의 정조라는 것을 규명해 왔다. 또한 시적 화자가 느끼는 슬픔과 비애를 유발하는 자극과 원인에 대해서도 살펴본 결과, 그것은 다름 아닌 상실 의식이라는 것도 바로 앞에서 규명된 바 있다. 그러나 영랑시의 의미 구조를 여는 열쇠는 화자에게 슬픔과 비애를 초래하는 상실 의식의 대상이 무엇인가를 밝히는데 있다.

원론적인 이야기지만, 시란 시인이 체험을 상상력을 통하여 형상화한 언어

예술이라 정의할 수 있다. 시인은 자신의 세계내에서의 삶의 체험을 작품 속에 의식적이든 무의식적이든 반영하거나 하게 된다. 여기서 우리는 영랑의 체험을 살펴봐야 할 명분을 확보하게 되었다. 그런데 한편 시인의 체험은 상상력이라는 프리즘을 통하여 함축적이거나 내포적으로 변용되어 작품 속에 나타난다. 따라서 함축적이거나 내포적인 언표에 의한 상실 의식을 분석하는 데에는 텍스트 외적인 자료의 도움이 요청될 수 있다. 잘 알려진 바와 같이, 영랑이 초기시를 썼었던 시대는 1930년대로 일제의 식민지 치하였었다. 즉 일제에 국권을 빼앗긴 상태에서 느낄 수밖에 없었던 슬픔과 좌절 그리고 절망은 영랑 뿐 아니라 당대를 산 모든 사람에게 가혹한 세계내 체험이었을 것이다. 이와같은 시대적 배경에 입각한 국권 상실 체험과 아울러 영랑은 또한 개인적인 삶에서도 심각한 상실 체험을 겪게 된다. 다름 아닌 영랑의 나이 15세 때인 휘문의숙 시절의 상처 체험이 그것이다.[20]

영랑이 겪은 상실 체험의 대상은 영랑이 살았던 식민지 지배 치하라는 시대적 상황과 영랑의 상처라는 개인적인 생애를 통하여 살펴 볼 때 '국권'과 '아내'라 할 수 있다. 그렇다면 영랑시의 의미를 해독함에 있어, 슬픔과 비애의 정조를 유발하는 상실감의 대상을 무엇으로 보아야 할 것인가? 대체적으로 영랑시의 의식은 상처 체험에서 유발된 것으로 보여지지만, 영랑이 살았던 시대적 상황도 또 다른 유발 요인으로 파악할 수 있을 것이다. 영랑 초기시의 상실 의식의 대상이 작품의 전면에 구체적이고 표면적으로 제시되어 나타나지 않고 '님'이라고 하는 상징적인 언표로 드러난다는 점에서 시대적 상황의 대입은 타당성을 가질 수 있다고 보여진다.[21] 당시의 가혹한 시대적 상황에서

---

20) 20세 전 조혼이었으나 그 댁내가 절세미인이시었던 모양이다. 이십 전에 상처하였으니 영랑은 가엾슨 소년 홀애비가 되었던 것이다 — 중략 — 엄격한 남도 사람의 가정에서 충충시하 눌리어 잘아 나는 소년으로서 부부애를 알았을 리 없다. 소년 영랑은 상처하자 비로서 애정을 깨달았던 것이요 댓자 곳자 실연한 셈이 되었으니 이 印度的 풍습으로서 온 비극으로 인하야 그는 인생에서 먼저 만난 관문이 「무덤」이었던 것이다. 정지용, 「영랑과 그의 시」, 『정지용전집』, 민음사, 1988, 255-256쪽.

21) 1930년대 일본의 식민지 지배정책을 살펴 볼 때, 당시는 일본이 무력을 앞세워 탄압을 더욱 강화해 간 시기이다. 일제는 1929년을 전후하여 사상 검속과 민족 탄압을 심화시키다가, 만주사변(1931)을 고비로 극단적인 공존정치를 편다. 문학계에도 이 시기는 검열, 압수, 삭제 등의 탄압이 노골적으로 강화된다. 신간회의 해산(1931), 1·2차에 걸친 KAPF

나라 상실의 슬픔과 비애 의식은 더욱 안으로 안으로 잦아들 수밖에 없었을
것이다. 따라서 영랑 초기시의 상실 의식의 대상은 '나라'를 내포하는 상징의
의미로도 읽힐 수 있다고 보여지는 것이다.

이제 또다시 우리가 규명해야 할 영랑 초기시의 맥락은 다름 아닌 상실에
대한 시적 화자의 반응 양식을 고찰하는 것이다. '님'으로 대변되는 대상을 상
실한 시적 화자는 그러한 상실의 상황에 대해 어떠한 반응 양식을 보이는 가
를 텍스트의 의미를 통해 살펴 보기로 하자.

그러한 상실에 대한 시적 화자의 1차적인 즉 정서적인 반응은 슬픔과 비애
의 정조에 함몰되는 것임을 앞에서 살펴본 바 있다. 그러나 영랑시의 화자는
그러한 1차적인 슬픔과 비애의 정조에만 머물러 있지는 않는다. 슬픔과 비애
의 정서적인 반응의 뒤에는 2차적인 즉 의식적인 혹은 의지적인 반응의 양상
이 드러나게 된다. 이와같은 의지적인 대응은 다시 소극적인 대응과 적극적인
대응으로 가름할 수 있다. 소극적인 대응은 슬픔과 비애의 정조 속에서 헤어
나오지 못하고 허무와 좌절 혹은 절망을 인식하는 차원을 보이며, 적극적인
대응은 상실로 인한 슬픔과 비애의 정조 속에 하염없이 머물러 있는 것이 아
니라 슬픔과 비애의 상황을 타개 극복하려는 양상을 보여준다.

이제 작품을 통하여 구체적인 반응 양상을 소극적인 차원의 것부터 살펴보
기로 하자.

　　　생각하면 붓그려운 일이여라
　　　석가나 예수가치 큰일을 할니라고
　　　내 가슴에 불덩이가 타오르든때
　　　학생이란 피로싸인 붓그려운때
　　　　　　　「四行小曲 ― 생각하면 붓그려운」

이 작품은 과거를 회상하는 형식으로, 과거의 '큰일'을 하려 했던 정열을 현
금에 돌이켜 보건대, 부끄러움을 느낀다는 의미로 되어 있다. 이는 화자가 과

─────────────
의 검거와 해산(1931, 1932) 등이 이를 증명한다.

거의 정열과 이상이 현실과 동일화되지 못함에 대해 자각한 뒤에 초래되는 좌절감과 절망감을 부끄러움으로 인식하는 것이다. 달리 말하자면 화자는 젊은 날의 정열과 이상의 상실로 인해 생성되는 소극적인 대응 양식인 부끄러움을 고백하고 있는 것이다. 이와같이 이상의 실현을 향한 정열이 현실 속에서 덧없음을 인식하고, 그러한 정열의 단절을 꿈꾸는 허무적이고 절망적인 대응 양상을 보여주는 작품으로는 「四行小曲 ― 왼몸을 감도는」이 있다.

> 왼몸을 감도는 붉은 피ㅅ줄이
> 꼭 감긴 눈속에 뭉치여 잇네
> 날낸소리 한마듸 날낸 칼하나
> 그피ㅅ줄 딱끈어 버릴수업나
> > 「四行小曲 ― 왼몸을 감도는」

이 작품은 열정적인 '핏줄'이 현재는 폐쇄와 억압을 내포하는 '눈' 속에 잠복하고 있는데, 그 '핏줄'이 '뭉치여' 있기 때문에 생성되는 허무감과 좌절감으로 인해 오히려 그 '핏줄'을 단절해 버리고 싶다는 소망을 보여주고 있다.[22] 시인의 이와같은 소망은 허무적이고 절망적인 대응 태도를 보여주고 있다. 이와같이 상실로 인한 슬픔과 비애의 정조 속에서 허무와 절망의 차원으로 진행되어가는 양상이 드러난 또 다른 작품을 살펴보자.

> 降仙臺 돌바늘끝에
> 하잔한 인긴 하니
> 그는 버-ㄹ서
> 불타오르는 湖水에 뛰여내려서

---

22) 이와 같은 '큰일'을 향한 시적 화자의 정열은 시인의 전기적 사실과 부합되는 측면이 있다. 알려진 바와 같이 영랑은 휘문의숙에 다니던 1919년에 3.1운동이 일어나자 학업을 중단하고 16세의 나이로 독립운동 대열에 나섰다고 한다. 그래서 구두 속에 독립선언문을 깔아 감추고 강진 고향으로 내려가 독립만세를 모의하다 체포되어 6개월간 대구 형무소에서 옥고를 치루었다는 것이다. 김용성, 『한국현대문학사 탐방』, 현암사, 1982, 244쪽.

제몸 살윗드라면 조핫슬 인간

이제 몇해뇨
그황홀 맛나도 이몸선듯 못내던지고
그찰란 보고도 노래는영영 못부른채

저져드는 물결과 싸우다 넘기고
시달린 마음이라 더러 눈물매졌네

降仙臺 돌바늘끝에 벌서
불살윗서야 조핫슬 인간

「降仙臺 돌바늘끝에」

이 작품은 '황홀'과 '찰란'의 상실에서 기인하는 삶에 대한 비극적 인식과
허무 의식의 결과로 극단적인 죽음을 바라는 회의적 태도를 보여주고 있다.
그것은 화자가 꿈꾸는 인생의 가치인 '황홀'과 '찰란'의 상실에 대해 소극적인
허무와 절망의 차원으로 대응하는 양상을 보여줌에 다름 아니다.

1연은 '불타오르는 호수'가 내포 암시하는 '황홀'과 '찰란'의 순간에 참여하
지 못하였다는 과거에 대한 반성을 통하여 화자 자신의 존재를 하찮은 하나
의 인간으로 비하시켜 자학하고 있음을 언표한다. 그러한 의미는 특히 현재
시적 화자가 위치하고 있는 공간을 '降仙臺'라고 하는 곳으로 상정하고 있음
을 주목해야 한다. 왜냐하면 '降仙臺'라고 하는 臺名은 선인이라고 하는 비현
실적이며 환상적인 인물이 내려온다는 혹은 내려온 곳이라고 하는 설화를 지
님직한 곳이기 때문이다. 때문에 현재 화자가 존재하고 있는 삶의 공간은 이
와같이 현실적이지 못한 곳일 뿐만 아니라 삶의 조건이 '돌바늘끝'과 같이 극
도로 위악하고 험란한 상태인 것이다. 또한 이와같이 현재의 삶의 공간에 대
한 조건이 험악한 것은 과거의 '불타오르는 호수'에 화자의 열정을 '살우지'
못했기 때문에 빚어진 것이기도 하다. 즉 1연은 화자의 현재 상황과 과거 상

황의 대비를 통하여 잃어버린 과거의 정열에 대한 안타까움을 표출하고 있다.

2연은 화자가 과거에 '황홀'과 '찰란'을 만나 보았음에도 선뜻 몸을 내던져 노래 부르지 못하고 지나쳐 버렸던 일에 대한 후회를 서술하고 있다.[23]

3연은 과거의 황홀과 찬란을 상실한 현재의 화자의 삶을 보여주고 있다. 즉 화자는 자신의 삶을 부대끼는 '물결'과의 투쟁에서 패배하여 넘어지고 또 그러한 삶에 시달린 나머지 슬픔의 정조에 휩쌓여 있는 상태다.

4연에서는 과거의 황홀과 찰란의 순간에 적극적으로 참여하지 못한 화자가 그와 같은 긍정적인 삶의 가치를 상실한 지금 슬픔과 비애를 느끼고 있으며, 다시 한번 과거의 삶의 태도에 대해 후회와 반성을 하고 있다.

이 작품의 전반적인 의미는 화자가 자신의 잘못된 과거의 삶에 대해 적극적으로 극복하려는 태도를 보여주지 못하고 회의하고 좌절하는 소극적인 반응 양상을 보여주는 것이라 할 수 있다. 그러나 한편 영랑의 초기시는 이와같이 상실로 인한 슬픔과 비애의 정조에 수동적으로 매달려 있지만은 않다. 초기시의 많은 작품들은 오히려 바람직한 가치 상실에서 유발되는 비극적인 세계관을 지양 극복하려는 태도를 보여주고 있다.[24]

따라서 우리는 영랑 초기시의 기본 정서인 슬픔과 비애의 비극적 세계를 극복하려는 시적 화자의 태도를 주목해야 할 필요가 있다. 그 태도나 자세가 여리고 수동적이기는 하지만, 영랑의 초기시는 비극적 세계에 대응하는 자세에 있어 다양한 면모를 보여주고 있다. 그 다양한 대응의 자세는 그리움과 기다림, 기원의 행위, 생명 지향, 영원성 지향, 적극적 실천 행위 등으로 나타난다.

이제 그 극복에의 태도나 자세를 하나하나 면밀히 고찰해야 할 때가 되었다. 먼저 기다림과 그리움의 자세를 통하여 슬픔과 비애로 요약되는 비극적 세계를 극복하려는 면모부터 살펴보자.

---

[23] 영랑의 생애를 살펴 볼 때, 이 시의 황홀과 찬란의 순간은 3.1운동과 같은 민족 해방운동을 언표하는 것으로 파악할 수도 있다.

[24] 지금까지의 영랑시 연구들은 대부분 영랑의 초기시가 '내 마음'의 슬픔과 비애를 노래한 나머지 좌절과 절망을 보여준다는 데만 주목하였지, 그것을 극복하거나 지양하는 면모를 파악하는 데는 무관심했다.

　　　밤ㅅ사람 그립고야
　　　말업시 거러가는 밤사람 그립고야
　　　보름너믄 달그리매 마음아이 서어로아
　　　오랜밤을 나도혼자 밤ㅅ사람 그립고야
　　　　　　「四行小曲 — 밤ㅅ사람 그립고야」

　'밤ㅅ사람'에 대한 화자의 그리움을 이 작품은 '밤ㅅ사람 그립고야'란 동일한 어구를 세 번씩이나 반복하므로써 강조하고 있다. 물론 밤사람과 화자는 '말업시'의 표현으로 보아 단절된 상태로 드러나고, 화자의 입장에서는 자신에게 말을 건네지 않고 멀어져 가는, 이를테면 상실한 밤사람을 그리워하고 있는데, 그 그리움은 '오랜' 지속성을 보여줌과 아울러 '나도 혼자'인 외로움이 중첩된 것이다. 그러나 이러한 그리움의 정신 행위는 구체적인 실천 행위가 따르지 못하기 때문에 수동적이라는 한계성을 노출한다.
　이제 상실이라고 하는 비극적 상황 속에서, 그러한 비극적 세계를 기다림이라고 하는 자세로 극복 지양하려는 노력을 보여주고 있는 「모란이 피기까지는」을 보자.

　　　모란이 피기까지는
　　　나는 아즉 나의봄을 기둘니고 잇슬테요
　　　모란이 뚝뚝 떠러져버린날
　　　나는 비로소 봄을여흰서름에 잠길테요
　　　五月 어느날 그하로 무덥든날
　　　떠러져누은 꼿닙마져 시드러버리고는
　　　천디에 모란은 자최도업서지고
　　　뻐처오르든 내보람 서운케 묻혀졌느니
　　　모란이 지고말면그뿐 내 한해는 다가고말아
　　　三百예순날 하냥 섭섭해 우옵내다.
　　　모란이 피기까지는

　　나는 아즉 기둘니고잇슬테요 찰난한슬픔의 봄을
　　　　　　　　　「모란이 피기까지는」

　서정시의 한 전범을 이룬 것으로 평가받고 있는 한편 영랑시의 대표작으로
도 꼽히는 이 작품의 형태는 12행 단연으로 되어 있는데, 기왕의 연구자들은
전체적인 작품의 의미의 골격을 효과적으로 파악하기 위하여 연 구분을 행하
고 있다.[25] 본고는 각 연 2행의 6연으로 구분하여 그 의미 구조를 살펴 보기
로 한다. 이와같은 연 구분에 따른 중심 의미를 간추려 보면, '봄을 기다림 —
상실에의 슬픔 — 완전한 상실 — 보람의 상실 — 슬픔의 지속 — 봄을 기다림'
으로 요약된다. 따라서 이 작품의 대체적인 의미는 '모란'의 상실로 초래되는
슬픔과 좌절이 새로운 기다림으로 변용되는 구조를 지니고 있다. 즉 이 시의
의미 구조는 상실과 기다림의 대응 구조를 보이고 있다. 이제 각 연의 의미를
좀 더 치밀하게 분석해 보기로 하자.
　1연은 '기둘니고 잇슬테요'란 서술어를 통하여 기다림에 대한 화자의 다짐
과 의지를 표명하고 있다. 그런데 화자가 '봄'을 기다린다고 하는 다짐을 하고
있는 시간은 현재이고, 그 현재는 '모란이 피기까지는'이라는 조건절로 보아
아직 '봄'이 도래하지 않은 상황이다. 여기서 화자가 기다리고 있는 대상인
'봄'이 내포한 의미와, '봄'의 도래를 알려주는 '모란'의 의미는 구분되어져야
할 필요가 있다. '봄'이 고정적인 실체가 아니고 추상적인 시간의 단위인데 비
해 '모란'은 구체성을 띤 사물이다. 즉 화자는 '봄'을 기다리고 있는데, 그 기다
리는 '봄'이라고 하는 시간대를 '모란'이라고 하는 매체를 통하여 인식할 수
있는 것이다. 여기서 '모란'은 화자에게 긍정적인 가치로 인식되는 추상적인
'봄'에게 실체성을 부여해주는 기능을 담당하고 있다. 그러나 물론 '봄'과 '모
란'이 환기하는 의미는 동일하고 중첩적이다.
　2연은 기다림의 대상이었던 '봄'의 상실을 '모란'의 떨어짐으로 확인하게 된

25) 양왕용(「김영랑의 <모란이 피기까지는>」, 『한국현대시작품론』, 문장, 1981)은 1-2, 3-10,
　　11-12행의 3연으로, 김재홍(「예술시의 한 선구자」, 『소설문학』 1985. 9)은 1-4, 5-8, 9-12
　　행의 3연으로, 이인복(「<모란이 피기까지는>의 구조적 분석」, 『한국대표시평설』, 문학세
　　계사, 1983)은 1-2, 3-4, 5-6, 7-8, 9-10, 11-12행의 6연으로 구분하고 있다.

다면 설움에 잠기겠다는 화자의 미래 의지에 대한 언표이다. '봄'의 상실에 따른 슬픈 감정의 진폭은 '뚝뚝'이라고 하는 의성어로 인해 더욱 확장되어지는 효과를 거두고 있다. 흥미로운 사실은, 4행에서 화자는 '서름에 잠길테요'라는 표현을 통하여 설움의 정조에 잠기겠다고 하는 의지적 태도를 보인다는 점이다. 설움이라고 하는 정서의 유발은 의지적이라기 보다는 피동적인 속성을 지니고 있는데, 화자는 상실로 인한 슬픔의 정서에 의식적으로 몰입하겠다는 지향성을 보인다는 점에서 독특하다고 할 수 있다.

1연과 2연은 의미의 측면에서 피어남과 떨어짐, 기다림과 여윔 또는 '아직'과 '비로소'의 대응을 통하여 대립 구조를 보여주고 있다. 3연은 '봄'을 표상하는 '모란'이 떨어져서 '꽃닙마져' 완전하게 시들어 버린 시간에 대한 화자의 인식이 드러난다. 요컨데 화자는 봄의 완전한 상실이라고 하는 가상적 현실을 '어느날'로 표현된 불확실한 시간성 속에서 인식한다.

4연은 '천지'로 표상된 공간 속에서 모란 — 봄 — 의 상실을 화자 자신의 내면적이고 정신적인 보람의 상실로 전이하여 인식하는 태도가 보인다. 이러한 전이는 '모란'과 '보람'의 의미가 환기하는 동질성과 아울러 'ㅗ ㅏ'라고 하는 음운의 동질성에 의해서도 효과를 얻는 것으로 보인다. 3연과 비교해 볼 때 4연은 모란 상실의 공간성에 대한 인식의 표명이라 할 수 있다.

5연은 모란의 상실로 인한 시적 화자의 삶의 무의미성이 강조됨과 아울러, 상실에 따른 슬픔의 지속성과 강도가 표출된다. 즉 이 연은 화자가 기다림의 대상이었던 봄의 상실로 인하여 삶의 무의미를 실감하고 슬픔의 정조 속에 함몰되어 있다는 의미를 띠고 있다.

6연은 이 작품의 핵심적인 의미를 거느린 연으로 1연을 약간 변용하여 반복하고 있다. 이 연 역시 1연과 마찬가지로 화자에게 보람을 뻐쳐 오르게 하는 봄을 기다리겠다고 하는 의지를 표출하고 있다. 그런데 여기는 1연에서의 '나의 봄'이라고 하는 기다림의 대상에 대한 막연한 인식을 벗어나 구체적이고 날카로운 통찰을 보여주고 있다. 그것은 '찰난한슬픔의'라고 하는 역설적인 수식을 통하여 이루어지고 있다. 화자가 기다리는 대상은 '봄'인데, 그 '봄'이 찰란하면서 슬프다라고 하는 표현은 일견 모순된 인식인 것처럼 보인다. 그러나 고정적인 실체가 아닌 봄이라고 하는 시공은 모란이 피기 때문에 찬란할 수 있으며, 한편 모란이 지기 때문에 슬플 수 있다. 이와같이 봄의 속성을 서로 상반된 두 개념으로 인식한 것은 마치 우리 인생이나 삶의 본질을 통찰한 것으로도 해독할 수 있을 것이다. 결국 이 작품은 보람과 슬픔의 모순된 특성을 간직하고 있는 봄— 그것은 모란의 피고 짐으로 표상된다— 을 기다리는 화자의 생의 비극성을 극복하려는 의지가 절묘한 모순어법을 통하여 형상화된 절창으로 보인다.

영랑 초기시 중 비극적 세계에 대한 극복에의 의지를 '기원'의 행위를 통하여 노래하고 있는 「除夜」를 살펴 보자.

제운밤 촛불이 찌르르 녹어버린다
못견듸게 묵어운 어느별이 쩌러지는가

어둑한 골목골목에 수심은 썻다 가란젓다
제운밤 이한밤이 모질기도 하온가

희부얀 조이등불 수집은 거름거리
샘물 정히 쩌붓는 안쓰러운 마음결

한해라 기리운정을 묫고 싸어 흰그릇에
그대는 이밤이라 맑으라 비사이다

「除夜」

영랑의 4행시에서와 같은 형태적 안정감을 보여주고 있는 이 시는 의미 해독의 포용력이 큰 작품으로 보인다. 영랑 초기시가 '내 마음' 속 슬픔과 비애라고 하는 개인적 서정의 형상화에 그친 반면, 이 시의 '어둠'과 '수심'의 의미 해석은 집단적인 차원의 것으로 간취될 수 있기 때문이다.

1연은 시적 화자에게 비친 외부 현실 혹은 상황에 대한 객관적인 묘사라

할 수 있다. 화자에게 시적 시간은 '제운밤'[26]으로 제시되고, 그러한 공간은 '밝음'을 환기시켜 주는 '촛불'과 '별'이 '녹어버리'거나 '쩔어짐'으로 해서 더욱 암담한 풍경을 연출한다. 그러나 이와 같은 하강과 소멸의 이미지는 촛불과 별이 환기하는 재생과 밝음의 이미지로 하여 미래에 대한 화자의 긍정적인 예견이 잠복해 있는 것으로 보여진다. 그리하여 이 부분은 '촛불'과 '별'의 상실로 인하여 시적 공간이 어둡고 비극적인 것으로 드러난다.

2연은 1연과 형태적 측면에서 서술문과 감탄문의 동등한 배열이라는 대칭을 이루고 있다. 여기서는 1연에서의 상실에 따른 어둠이 존재하는 공간이 구체적으로 제시됨과 아울러 어둠의 속성이 드러난다. 즉 어둠은 '골목'이라고 하는 삶의 거리 곳곳에 자리잡고 있으며, 그 어둠은 끈질기고 가혹한 것이다. 그리고 이러한 어둠의 상황은 계속하여 '수심'을 부침케 하는 것이다.

3연은 1·2연의 어둠의 심상이 '등불'과 '샘물'의 이미지로 전환됨으로써 밝음과 구원의 효과를 거두고 있다. 1·2·4연과 달리 시행의 통사 구조 역시 서술어가 없는 형식으로 되어 있다. 이 연의 밝음의 심상은 고어 죠히(종이)의 사투리인 '조이'의 사용으로 독특한 표현 효과를 얻고 있으며, 다음 행의 대응하는 부분에 등장하는 '정히'와 맞물려 더욱 상승된다. 또한 '히부얀', '수집은', '안쓰러운'과 같은 형용을 통하여 밝고 맑음의 심상이 더욱 효과적으로 환기되어진다.

4연은 1·2연에서 인식한 어둠의 상황을 극복코자 하는 갈망 혹은 의지를 기원의 행위를 통하여 이루고자 함을 보여준다. 그러한 염원은 순간적인 차원의 것이 아니라 한해 동안 기리운 정성을 통해서인데, 그 정성의 간절함은 '흰그릇'이 환기하는 하얀 사기그릇에 담김으로써 더욱 선명해진다.

「除夜」는 상실과 소멸에 의한 비극적 세계를 화자가 기원의 행위로써 극복코자 하는 의미 구조를 지닌 것으로 요약된다. 그런데 이 시의 비극적 세계는 여타 영랑의 초기시가 보여준 개인적 차원에서, 집단적 혹은 민족적 차원으로

---

26) '제운밤'의 어휘는 '제야'의 조어라는 정한모(앞의 논문, 179쪽 참조)의 견해와, 전라도 지방에서 몹시 지루하고 힘겨운 상태를 '제없다' 혹은 '지없다'라고 하는데, 그것의 관형형으로 보여지기도 하므로, 이 두 가지 의미가 복합적으로 결합된 영랑 개인의 독특한 조어로 생각된다.

확대된 것으로 해석될 가능성이 있는 것으로 보여진다. 이와같은 의미 해석의 결과 우리에게 남는 한 가지 문제는 시적 화자에 관한 것이다. 이 작품의 화자는 물론 문면에는 나타나 있지는 않지만 1인칭 화자이다. 그런데 어둠을 인식하고 그 어둠을 극복 지양코자 기원의 행위를 하는 주체는 '그대'로 언표된 어떤 미지칭의 아낙네다. 즉 영랑의 초기시의 화자와 행위의 주체가 대체로 1인칭 '나'로 일치된 것인데 비해 이 작품은 분리되어 드러난다. 따라서 이 시의 어둠의 극복을 위한 기원은 화자인 '나'의 주체적 행위를 통해서가 아니라 '그대'를 통해서 이루어지고, 시적 화자는 단지 어느 정도의 거리감을 지닌 채 객관적 입장에서 관찰만을 하고 있는 셈이다. 이와같은 시적 화자와 행위 주체자의 불일치는 화자의 비극적 상황 극복에 대한 의지의 약화를 가져옴으로써 영랑시의 한 한계로 지적될 수 있다.

「어덕에 바로누어」를 통하여 '내 마음'의 비극적 세계를 극복하고자 하는 또 하나의 대안인 영원성과 생명 지향적 태도를 살펴 보기로 하자.

> 어덕에 바로누어
> 아슬한 푸른하날 뜻업시 바래다가
> 나는 이젓습내 눈물도는 노래를
> 그하날 아슬하야 너무도 아슬하야
>
> 이몸이 서러운줄 미리서 아랏거니
> 마음의 가는우슴 한째라도 업드라냐
> 아슬한 하날아래 귀여운맘 질기운맘
> 내눈은 감기엿대 감기엿대
>
> 「어덕에 바로누어」

초기의 영랑시에는 영원성과 생명성을 환기하는 대상으로 '하날'과 '별'이 자주 등장한다. 이 '하날'과 '별'은 천상적 심상으로 이상적 세계를 상징한다. 영랑시의 화자는 지상의 세계가 상실에 따른 비애의 비극적 세계임을 인식하

고, 그러한 고통의 현실을 벗어나고자 하는 소망을 가지고 있다. '하늘'과 '별'
은 고통스런 지상의 세계를 벗어나고자 하는 화자의 소망을 상징하는 이상적
인 공간이다.

이 작품의 화자는 '어덕'으로 표상된 지상의 현실에 '누어' 있고, 그 언덕은
'눈물도는 노래를' 부르게 하는 고통스럽고 슬픈 공간으로 나타난다. 이러한
비극적 공간 현실에 처해 있는 화자는 '하날'을 의미없이 바라보는 행위를 통
하여 그러한 비극적 세계를 초월하고자 하는 것이 아니라 망각하고자 한다.
이것은 비극적 현실을 벗어나고자 하는 화자의 태도가 소극적이며 도피적이
라는 점을 보여준다. 또한 이와같은 태도는 화자가 '서있음'의 동적인 자세로
서가 아니라 '누어 있음'의 정적인 자세로 '하날'을 바라고 있다는 점과, 바람
의 의식이 뚜렸하지 못함을 의미하는 '쯧업시'의 언표를 통하여 분명해진다.

2연은 현실의 화자가 '서러움'의 상황에 놓여 있지만 그것이 지속적으로 유
지되지 않고, '우슴'의 순간도 있기 때문에 '귀여운 맘 질기운 맘'에 도달할 수
있다는 의미 구조를 가지고 있다. 그런데 이와같이 귀엽고 즐거운 마음은 '하
날아래'라고 하는 조건적인 공간에서 가능하다. 즉 '하날'을 우러르고 지향함
으로 해서 얻어지는 결과라 할 수 있다. 그러나 2연 역시 '우슴'을 '가는'으로
수식한 것과 화자와 '하날'과의 거리가 '아슬한' 것으로 되어 있으므로 해서
하늘 지향에 따른 이상적 세계의 실현에 대한 화자의 신념이 확고하지 못하
다는 것을 보여준다.

현실 세계와 이상 세계를 지상과 하늘로 이원화하여 표상하고, 지상의 세
계는 부정적 세계로 이상 세계는 긍정적 세계로 인식한 뒤, 지상의 세계를 벗
어나 이상적 세계로의 진입을 하늘 지향을 통해서 꿈꾸는 의미 구조를 지닌
「하날갓 다은데」를 보기로 하자.

　　　사람의 온꿈이 모조리 실리여간
　　　하날갓 닷는데 깃븜이 사신가

　　　고요히 사라지는 구름을 바래자

헛되나 마음가는 그곳 뿐이라

눈물을 삼키며 깃븜을 찾노란다
허공은 저리도 한업시 푸르름을

업듸여 눈물로 따우에 색이자
하날갓 닷는데 깃븜이 사신다
「하날가ㅅ다은데」

여기서도 하늘과 땅, 기쁨과 눈물의 이원론적 인식의 양상이 드러난다. 눈물을 삼킬 수 밖에 없는 지상은 고통과 서러움의 공간이며, 하늘은 푸르른 기쁨이 사는 이상적 공간이다. 그리하여 화자는 현실의 고통과 슬픔에서 벗어나기 위하여 눈물을 삼키며 기쁨을 찾아 하늘을 동경한다. 이와같이 지상의 비극적 세계를 벗어나 영원한 생명이 존재하는 천상의 세계를 지향하는 영랑은 '돌담에 소색이는 햇발가치 / ― 중략 ― / 오날하로 하날을 우러르고 십다(「내 마음 고요히 고흔봄 길우에」)'고 '하늘'에의 동경과 갈망을 표출하고 있다.

이처럼 영랑의 초기시에는 지상의 현실을 벗어나고자 하는 갈망과 바람이 나타남을 알 수 있다. 그리고 그 갈망과 바람은, 기쁨과 웃음이 존재함으로써 화해와 긍정의 세계를 내포·상징하는 '하늘'을 지향한다. 또한 영랑의 초기시에는 시적 화자가 지향하는 밝음의 객관적 상관물로 '하늘'외에 '별'이 자주 등장한다.

1) 좁은길가에 무덤이 하나
   이슬에 저지우며 밤을 새인다
   나는 사라저 저별이 되오리
   뫼아페 누어서 희미한별을
   「四行小曲 ― 좁은길가에」

　2) 눈물속빗나는 보람과 우슴속 어둔 슬픔은
　　오직 가을하날에 써도는 구름!
　　다만 후젓하고 줄데업는 마음만 예나 이제나
　　외론밤 바람숫긴 찬별을 보랏습니다
　　　　　　　　　「四行小曲 ― 눈물속빗나는」

　1)에서 화자는 '밤'과 '무덤'의 현실에서 벗어나 '별'이 되고자 하는 갈망을 보여주고 있다. 1행에서 현실은 '좁은길가'가 암시하는 바와 같이 트인 공간이 아니라 축소되고 억압된 상황으로 드러난다. 그러한 현실 공간은 1행에서 '밤'이라는 어둠의 시간으로 전이되면서 그 비극성이 더욱 강화된다. 1·2행이 화자가 처한 비극적 현실의 시·공간을 제시하고 있다면, 3·4행은 그러한 현실을 극복하고자 하는 화자의 염원이 표출되어 있다. 그리하여 화자는 3행에서 '별'이 표상하는 밝음의 상태로의 동일화를 꾀한다. 문제는 화자가 그와 같은 동일화 과정을 자아의 소멸 과정을 통하여 꿈꾼다는 데 있다. 한편 화자가 지향하는 '별'은 빛남의 정도가 희미한 상태의 것으로 제시된다. 뿐만 아니라 '별'이 되고자 하는 기대와 염원의 행위는 '누어서'라는 정적이고 소극적인 자세를 통하여 꿈꾸어진다. 이와같이 '별'이 환기하는 밝음의 세계에 대한 지향을 통하여 밤과 무덤의 비극적 현실을 타개 극복하고자 하는 이 시의 의미 구조는 '사라짐, 누어서'와 같은 소극적인 시어와 '희미함'과 같은 불명확한 의미를 지시하는 어휘들로 인하여 화자의 극복 의지가 나약한 것이라는 한계를 노출하고 있다.

　2)에서도 화자는 외로운 밤이라고 하는 어둡고 쓸쓸한 현실 공간에 처해 있으며, 그와 같은 상황을 벗어나고자 하는 의지를 '별'을 지향함으로써 이루려 하고 있다. 그런데 이 시에 제시된 현실은 슬픔 속에서도 보람이 존재하며, 웃음 속에서도 슬픔이 존재한다는 초월적이며 달관적인 것이다. 이러한 현실은 구름처럼 허망하고 부질없는 것으로 인식되고 있다. 따라서 화자는 허망하고 부질없는 현실을 벗어나 초월적이고 이상적인 별의 상태를 지향하고 있다.

이상에서 살펴본 것처럼 영랑의 초기시는 화자에게 비극적 세계로 인식된 현실 상황을 지양·극복하려는 면모를 보여주고 있으며, 그러한 면모는 그리움과 기다림, 기원의 행위, 영원과 생명성의 지향 등으로 다양하게 드러나고 있다. 그런데 이와 같은 비극적 세계를 벗어나고자 하는 태도는 수동적이며 소극적이라는 한계를 노출하고 있다.

그러나 한편 다음과 같은 「四行小曲 ─ 님두시고 가는길의」는 상실로 인한 슬픔의 비극적 세계를 화자의 적극적인 행위를 통하여 극복하고자 하는 태도를 보여준다.

> 님두시고 가는길의 애끈한 마음이여
> 한숨쉬면 써질듯한 조매로운 꿈길이여
> 이밤은 캄캄한 어느뉘 시골인가
> 이슬가치 고인눈물 손끄트로 깨치나니
>
>   「四行小曲 ─ 님두시고 가는길의」

이 작품에서는 '님'의 상실이 '밤'과 '눈물'의 이미지를 통하여 비극적 현실로 제시되고 있다. 그리고 상실에 대한 화자의 정서적 반응은 '애끈하고 조매로운' 것에서 '눈물'이라고 하는 구체적인 슬픔으로 확대·심화된다. 화자는 이와같은 슬픔의 비극적 세계를 '손끄트로 깨침'으로서 적극적으로 극복하려는 행위를 보여준다. 대부분의 영랑 초기시의 의미 구조가 상실과 소멸에 의해 생성되는 슬픔과 비애의 세계를 소극적인 태도로 벗어나려 하는 양상을 보여준데 반해, 이 작품은 적극적인 대응의 면모를 보여주고 있다는 점에서 주목을 요한다.

이상에서 살펴본 바와 같이 영랑의 초기시는 상실과 방황, 슬픔 등으로 착색된 지상의 현실을 비극적 세계로 인식하고, 그러한 세계를 벗어나고자 하는 미래 지향적 의지를 그리움이나 기다림, 기원, 영원과 생명 지향성, 적극적 실천 행위 등 다양한 대응 양식을 통하여 보여주고 있다.

3. 절망과 초극의 세계

중기시는 '내마음'으로 표상된 화자의 내면 세계라는 초기시의 시적 공간을 벗어나 시선을 자아 밖으로 돌리고 있다. 영랑은 중기시에서 시적 화자의 시야를 외부 세계의 현실로 확대하고 있다. 이에 따라 시어가 내포적이고 암시적이며 음악적이었던 초기시에 비해 중기시의 시어는 외연적이고 지시적이며 비음악적인 산문화의 경향을 보인다. 이는 중기시가 초기시와는 달리 외부 현실에 대한 의미 내용의 지시를 추구하고 있다는 하나의 증표로 이해된다.27)

일제의 식민지적 질곡의 상황이 더욱 악화되던 시대적 환경28)에 처한 영랑의 관심사는 외부의 현실로 돌려지게 되고, 현실 인식을 통한 고통과 절망 등이 시의 주된 정서로 자리잡게 된다. 외부 현실에 대한 인식 주체의 내면 공간을 시적 공간으로 삼았던 초기시에 비해 중기시는 외부 현실과 그에 대한 인식 그 자체를 작품의 공간으로 설정하고 있다. 따라서 외부 세계에 주목하고 있는 영랑의 중기시에는 당대의 시대 현실이 형상화 되어 있다. 「거문고」를 통하여 외부 세계에 대한 시적 화자의 현실 인식이 어떠한 양상으로 제시되고 있는지 살펴보도록 하자.

> 검은벽에 기대선채로
> 해가 수무번 박귀였는듸
> 내 麒麟은 영영 울지를못한다

---

27) 영랑은 후기에 이르러 시선을 사회로 돌려 자아를 확대하고 인생에 대해서도 회의하기 시작한다. 그의 초기시가 고요하고 섬세한 감각과 자아의 내면 곧 <마음>의 세계로 집중되어져 있는데 반해서, 후기시는 이런 감각과 내향성에서 벗어나 자아를 사회로 확대하고 <죽음>을 강렬히 의식하기 시작한다. 김학동, 「영랑 김윤식론」, 『한국현대시인연구』, 민음사, 1984, 43쪽.
   김학동의 이와같은 견해는 본고의 중기시와 후기시를 포괄하는 범주에 대한 것이다.

28) 30년대 후반 일본 식민지 정책은 더욱 강력하게 변화한다. 그것은 한국 민족 말살화 정책으로서 조선사상범 보호관찰령 공포 (36. 12), 일본어 강제 사용 (37. 2), 조선교육령 개정공포 (38. 3), 중등학교에서 조선어 과목 폐지 (38. 3), 창씨제도 시행 (40. 2), 각종 신문 잡지의 폐간 등으로 나타난다. 이호철, 「일제의 식민정책연구」, 『한국사 연구입문』, 지식산업사, 1981.

그가슴을 퉁 흔들고간 老人의손
지금 어느 끝없는饗宴에 높이앉었으려니
땅우의 외론 기린이야 하마 이저졌을나

박같은 거친들 이리떼만 몰려다니고
사람인양 꾸민 잣나비떼들 쏘다다니여
내 기린은 맘둘곳 몸둘곳 없어지다

문 아조 굳이닫고 벽에기대선채
해가 또한번 박귀거늘
이밤도 내 기린은 맘놓고 울들못한다
「거문고」

「거문고」는 초기시의 내향화되고 애매한 시대 인식과 달리 당대의 시대 현실이 선명하게 부각되어 있다. 거문고를 기린으로 의인화하여 표현한 이 작품의 전반적인 의미는 '거친 들'로 설정된 시대적 공간에서 마음놓고 울 수조차 없는 억압적인 시대 상황의 형상화라 할 수 있다.

1연 1행은 기린 즉 거문고가 존재하는 양태와 상황이 제시되어 있다. 거문고는 초기시의 대상들에서 빈번히 보이는 '누어 있음'의 상태로서가 아니라 즉각 행동을 취할 수 있는 동적이고 적극적인 상태인 '서 있음'의 자세를 취하고 있다. 2행의 '해가 수무번 박귀었는듸'는 1행의 상황에 대한 지속성을 의미하는 것으로 보인다. 즉 절망스런 캄캄한 벽에 기대어 작은 희망을 긴직하고 있지만, 그러한 상황은 20년 동안이나 개선되지 않은 채로 지속된다.[29] 3행은 거문고의 상징물이라 할 수 있는 기린이 울지 못한다는 현재 상황에 대한 진술이다. 이는 스무 해 전에 한 번 울고서 그 이후 거문고가 연주된 — 기린이 울음을 운 — 적이 없다는 상황에 대한 안타까움을 언표한다. 이는 역설

---

29) 여기서 스무해는 1939년 1월의 시점에서 '해가 수무번' 바뀐 그 과거로 거슬러 오르면 1919년 3.1운동 시기가 된다. 따라서 이와같은 절망적인 시대 상황은 1919년 이래 20년이나 지속된 것으로 풀이될 수 있다.

적으로 기린이 울었던 20년 전의 상황에 대한 가녀린 희망이 내재된 것으로
이해된다.

2연은 1연에서 인식한 비극적 상황에 대한 개선이나 극복이 잊혀진 것이
아님을 말하고 있다. 그것은 과거의 그와 같은 극복의 행위를 했던 선각자들
이 '향연'의 높은 곳에 위치해 있는 바, 지금 현실의 비극적 세계에 처해 있는
'외로운 기린'을 잊지 못하고 있으리라는 설의법을 통해 제시된다. 여기서 기
린은 시대적 상황의 질곡 속에서 그러한 억압의 상황을 벗어나려고 하는 민
족애를 상징한다.

3연은 민족이 처한 현실의 상황이 제시된다. 그 현실은 황폐화된 곳으로
'이리떼'와 '잣나비떼'들이 횡행하는 곳이다. 이와같은 시대 상황에 대한 인식
은 화자에게 '박같은 거친들'로 표상되어 나타난다. 그리하여 민족은 심신을
안주할 거처를 상실한 상태에 이르고 있다.

4연은 화자가 '거친들'로 표상된 시대 현실을 인식한 결과, 그에 대하여 '문
아조 닫는' 폐쇄적이고 수동적인 자세로 대응하고 있음을 보여준다. 또한 비
극적 상황이 지속적인 것일 뿐 아니라 황폐화된 현실에 대처하는 '기린' 역시
울지 못하므로 더욱 절망적인 상태인 것이다.

민족이 심신을 안주할 수 없는 시대 상황과 그로 인한 절망감의 표출이 짙
게 그려져 있는 이 작품은 초월이나 극복에의 전망이나 의지를 보여주지는 않
지만, 황량한 시대 현실에 대한 인식이 명확하고 선명하다는 점에서 의의가 있
다. 말하자면 초기시가 상실에 따른 비애와 슬픔의 비극적 세계를 심미적 전환
을 통해 막연하고 은은하게 노래한 반면, 중기시는 더 적극적이고 구체적으로
외부 현실의 비극적 상황을 인식하고 제시하였다는 데 그 의미가 놓인다.

이처럼 당대의 현실에 대한 인식이 드러난 「가야금」을 보자.

　　　　北으로
　　　　北으로
　　　　울고간다 기러기

南邦의
대숲밑
뉘 휘여 날컷느뇨

앞서고 뒤섰다
어지릴리 없으나

간열픈 실오랙이
네목숨이 조매로아

「가야금」30)

1연에서 북쪽을 향하여 날아가는 기러기는 당대의 민족적 현실인 만주 지
방으로의 이주라는 상황을 환기한다. 2연은 역시 그러한 이주의 시대 현실이
자의적으로 일어난 것이 아니라 타의에 의해 강요된 것임을 의미한다. 그것은
'남방의 대숲'이 언표하는 거주 환경의 안락함을 누군가31)가 손상시켰음을 의
미한다. 3연은 이주하고 있는 광경에 대한 묘사이고, 4연은 이와같은 강요된
이주에의 상황에 처한 민족의 삶이 '실오랙이'와 같이 '조매로운' 경지에까지
이르고 있음을 말하고 있다.

안락한 거주 환경이 훼손되고, 그로 인해 타의적으로 생활 터전을 떠날 수
밖에 없다는 이 시의 의미 논리에서 당대의 시대 공간을 절망적인 현실로 인
식하는 시인의 면모가 보인다. 떼지어 북으로 날아가는 기러기의 모습은 시대
적 질곡의 상황에 고통받는 민족 전체의 삶을 환기시켜주며, 망명과 집단 이
주의 이미지를 조성한다. 이처럼 시인은 현실 세계의 상실과 파괴로 인한 절
망의 모습을 구체적이고 실감나게 보여줌으로써 초기시의 불투명하고 추상적

---

30) 이 작품은 뒤에 『민족문화』 창간호(1949. 10)에 「行軍」이란 제목으로 개작하여 다시 발
    표하고 있다. 「행군」과 「가야금」을 동일한 작품으로 볼 것인지는 논의의 여지가 있다.
    본고는 이 두 작품을 각각 별개의 작품으로 보기로 한다.
31) 당시의 시대적 배경을 참작한다면, '南邦의 대숲'을 '휘'적인 주체가 일제라는 사실은 의
    심의 여지가 없을 것이다.

인 인식의 한계를 벗어나고 있다.

중기시에서 외부 세계에 대한 비극적 인식과 상황에 처한 화자는 심리적
갈등을 일으키게 된다. 이 갈등은 비극적 현실 상황을 타개하고 극복 초월하
려는 적극적인 의지와, 그러한 현실을 극복하거나 초월할 수 없다는 비관적
미래 의식에 따른 허무와 절망 의식이 맞물려 있기 때문이다.

본시 평탄했을 마음 아니로다
구지 톱질하여 산산 찌저노았다

風景이 눈을 홀리지 못하고
사랑이 생각을 흐리지 못한다

지처 원망도 안코 산다

대채 내노래는 어듸로 갔느냐
가장 거륵한것 이눈물 만

아쉰 마음 끝네 못빼앗고
주린 마음 끄득 못배불리고

어피차 몸도 피로워졌다
밧비 棺에 못을 다저라

아모려나 한줌 흙이 되는구나
「한줌흙」

1연은 원래 평안한 마음을 가질 수 없는 상황에 더욱 강한 외부의 압력이
가해짐으써 산산히 파괴된 현실이 부각되고 있다. 파괴된 현실 속의 화자는 따

라서 풍경에 관심을 갖거나 사랑에 탐닉할 수 있는 정상적인 삶을 영위할 수 없다. 3연은 파괴된 현실 속에서 불완전하고 절박한 삶을 살고 있는 화자의 반응 양상이 드러나는데, 그것은 '지쳐서 원망도 않고 사는' 절망과 허무의 극단적인 모습으로 드러난다. 4연은 화자가 다시 자신이 처한 상황 인식을 통해 '노래'의 부재에 대한 안타까움을 표출하고 있다. 그러나 노래가 부재하는 시대 상황은 화자에게 '눈물'을 가장 거룩한 것으로 받아들이도록 강요한다.

이와 같은 시대 현실에서의 삶을 통하여 화자는 심신이 피폐해진 나머지 죽음에 이르는 병인 절망 속에 깊이 침잠하고 있다. 즉 「한줌흙」은 노래를 부를 수 없는 상실의 상황에 처한 화자가 깊은 절망감에 쌓여 죽음을 선택하는 의미를 형상화하고 있다. 이 시에서 화자가 깊이 좌절하여 죽음을 의식하는 것은 시대 상황을 그만큼 절박한 것으로 이해했기 때문이다. 그리하여 절망의 상태에서 외계와의 치열한 대결로 비약하지 못하고 민족 전체의 역량에 대한 믿음조차 환기시키지 않는 것은 이 화자의 패배적인 삶의 일면이라고 할 수 있다.[32]

이와같은 외부 현실에 대한 절망의 심화로, 「偶感」에서 화자는 허무의 심연으로 가라앉는다.

> 봄되면 우렁찬소리 여기저기 나는듯해 자지러지다가도
> 거저 되사러날듯 십다만 내보금자리는 한양 서런幸福
> 이 가득차있다
>
> 「偶感」 중에서

시대에 대한 부정적인 인식의 한편에 '우렁찬 소리'가 나는듯 하지만 역시 현실은 절망적인 상태로 존재하고, 그로 인해 화자는 '서런 幸福' 속에 잠길 수밖에 없다.

---

32) 김홍규, 앞의 논문 참조.

생전에 이다지 외로운사람
어이해 뫼아레 碑돌세우오
초조론 길손의 한숨이라도
헤여진 고총에 자조떠오리
날마라 외롭다 가고말사람,
그레도 뫼아레 碑돌세우리
「외롭건 내곁에 쉬시다가라」
恨되는 한마듸 삭이실난가
                    「墓碑名」

  삶의 외로움이 한의 차원으로까지 비약되어 나타나는 이 시의 화자는 죽음
에까지 이르는 절망의 상황에 처해 있다. 화자는 생전의 외로운 삶을 묘비에
새김으로써 살아서 외로운 사람을 위무하려 하지만, 결국 그 외로움은 삭여지
지 않을 것이라는 극도의 허무와 절망 속에 휩싸여 있는 것이다. 따라서 허무
와 절망의 시대적 현실 속에 몸담고 있는 화자는 아름다운 풍광 속에서도 '호
젓함'을 느끼며 '흥안니는노래'를 부를 수 밖에 없다.

  내소리는 꿰벗어 봄철이 실타리
  호젓한소리 가다가는 쓸슬한소리

  어슨달밤 빩안동백꼿 쥐어따서
  마음씨 양 꽁꽁 쭈무러버리네
                    「호젓한 노래」 중에서

  화자는 아름다운 자연 속에서도 '봄철'이 싫다고 느끼며, 자신의 '소리'는 호
젓하고 쓸쓸한 것으로 인식한다. 그러한 쓸쓸하고 호젓한 상황에 처해 있는
화자는 아름다운 자연 속에서도 해소되지 않는 외로움과 절망의 '마음씨'인
양 '빩안동백꼿을 쭈무러버리'는 파괴적 행위를 보여준다.

그러나 영랑은 당대의 억압된 현실 인식 속에서 끝내 좌절과 허무 그리고 절망의 노래만을 부르고 있지는 않다. 영랑의 중기시는 비극적인 현실을 타개하고 극복·초월하려는 의지도 아울러 구가하고 있는데, 그것은 먼저 심각하게 파괴되고 억압된 외부 세계에 대한 자기 방어의 응전적 자세로 나타난다.

> 내 가슴에 毒을 찬지 오래로다
> 아직 아무도 害한 일 없는 새로 뽑은 毒
> 벗은 그 무서운 毒 그만 흩어버리라 한다
> 나는 그 毒이 벗도 선뜻 害할지 모른다 위협하고,
>
> 毒 안 차고 살어도 머지 않어 너 나 마주 가버리면
> 屢億千萬 世代가 그 뒤로 잠잣고 흘러가고
> 나중에 땅덩이 모지라져 모래알이 될것임을
> 「虛無한듸!」 毒은 차서 무엇 하느냐고?
>
> 아! 내 세상에 태어났음을 원망 않고 보낸
> 어느 하루가 있었던가, 「虛無한듸!」, 허나
> 앞뒤로 덤비는 이리 승냥이 바야흐로 내 마음을 노리매
> 내 산체 짐승의 밥이 되어 찢기우고 할퀴우라 네 맡긴 신세임을
>
> 나는 毒을 품고 선선히 가리라,
> 마금날 내 깨끗한 마음 건지기 위하야.
>   「毒을 차고」

1연에서 자아를 지키는 방어 기제를 뜻하는 '毒'을 찬 지가 오래되었다는 화자의 진술은 자신의 방어 자세에 대한 신중함과 진지함 그리고 그 자세가 지속적인 것임을 의미한다. 그런데 그 '毒'은 아직 아무도 해친 일이 없는 것이다. 이것은 '毒'을 차는 행위가 공격적인 자세가 아니라 방어적임을 지시해

준다. 방어적인 '毒'은 시간이 오래됨으로써 낡은 것이 아니라, '새로 뽑은' 것이기 때문에 강렬하고 신선하다는 환기 작용을 통하여 대결 의지의 결연함을 보여준다. 뿐만 아니라 화자는 대결 의지를 포기하도록 권유하는 벗에게 오히려 해칠지도 모른다는 답변을 함으로써 자신의 강력한 초극의 정신을 더욱 강하게 표출한다.

2연에서는 벗의 '毒'을 포기하라는 이유와 명분이 제시되고, 이에 대해 화자는 마지막 행에서 반어적 의문형의 언술을 통하여 벗의 권유를 부정하고 있다. 화자의 친구가 제시하는 이유는 세상사가 허무하다는 것인데, 이를테면 세상에서의 삶과 그것의 흐름은 개인의 의지와는 관계 없이 진행되기 때문이라는 것이다. 또한 어떤 자세의 삶도 결국은 모두 '모래알'처럼 소멸되는 과정을 밟을 수 밖에 없다는 것 때문이기도 하다.

3연에서 화자는 자신도 허무주의적 태도로 삶을 살아 왔지만 이제는 그렇게 살 수 없다는 즉 '毒'을 찰 수 밖에 없다는 상황과 이유를 제시하고 있다. 그는 1·2행에서 세상살이의 허무함을 인정하지만, 3·4행에서 '이리 승냥이'가 앞뒤로 덤비는 외부 상황 때문에 허무주의적 태도를 견지해서는 안된다는 의지를 '허나'라는 역접 부사를 통하여 강하게 드러내고 있다. 3연은 가혹하고 험난한 현실 상황이 구체적으로 묘사됨으로써, 영랑의 시대 의식이 초기시의 그것처럼 막연한 것이 아님을 보여주고 있다.

4연은 '毒'을 차는 행위 즉 결연한 저항 의지에 대한 목적이 언표되어 있다. 그 목적은 '깨끗한 마음'을 건지기 위해서라는 것인데, 그것은 굴종과 억압만을 강요하는 시대적 상황에 순응할 수 없다는 화자의 신념을 내포하고 있다.

이 「毒을 차고」는 당시의 절박하고 참혹한 시대 상황에 대한 인식이 선명할 뿐 아니라 그러한 시대에 대응하는 화자의 결연한 의지가 잘 부각되어 있다. 이 시에서 화자의 '毒을 차는' 행위는 일제에 대한 저항 의지를 표상함과 동시에 참담하고 고통스러운 현실을 극복하고자 하는 순결 의지와 자기 초극의 정신을 반영한 것이라 할 수 있다.

이와같이 비극적 외부 세계에 대한 영랑의 단호한 저항 의지는 고전소설 『春香傳』의 스토리를 원용한 「春香」[33]이라는 작품에도 형상화되어 있다.

상하고 병든자리 마디마디 문지르며
눈물은 타고남은 간을 젖어 버렸다
버들닢이 창살에 선듯 스치는 날도
도련님 말방울 소리는 아니들렸다
三更을 세오다가 그는 고만 斷腸하다
두견이 울어 두견이 울어 南原고을도 깨여지고
오! 一片丹心

「春香」 중에서

이 작품은 변학도의 강압에 굳은 절개로 대응하는 춘향의 저항을 소재로
택하고 있다. 이 「春香」은 각연 마지막에 '오! 一片丹心'을 되풀이 배열함으로
써 저항에의 의지를 강조하고 있다. 춘향의 일편단심은 논개의 죽음이라는 모
티브가 관련됨으로써 일제에 저항하는 의지로 전이 확산되고 있다. 즉 춘향의
일편단심에 논개의 일편단심이 중첩됨으로써 그 저항의 의미가 개인적·윤리
적 차원에서 민족적·역사적 차원으로 전환되고 있다. 여기서 춘향이 옥방 속
에서 지쳐 쓰러질 때까지 일편단심으로 지키는 절개는 영랑의 절개 의식이
치환된 것으로 읽힐 수 있다. 말하자면 시인의 시대 상황에 대한 인식과 그에
대한 강한 저항의지가 『춘향전』이라는 서사 구조의 변용을 통해 시 「春香」에
형상화된 것이다.

고전소설 『춘향전』이 해피 엔딩의 결말을 보인데 비해 영랑의 시 「春香」은
춘향의 죽음이라는 비극적 결말을 보이고 있다. 시에서의 춘향은 일편단심 지
조를 지키기 위해 옥사를 하는 것으로 되어 있는데, 이와같은 변용은 당시의
시대를 죽음의 시대라고 파악한 영랑의 세계 인식이 반영된 것으로 보인다.
춘향이 일편단심으로 저항한 결과를 미래 즉 구원이 없는 죽음으로 처리한
것은 시대 상황을 절망적인 것으로 인식한 시인의 허무적 태도가 투사된 것
으로 해석된다.

---

33) 이 작품은 1940. 9. 『文章』에 발표될 당시는 5연으로 되어 있었으나, 『永郎詩選』에 수록
될 때에는 2연이 추가되어 총 7연으로 고쳐져 있다. 본고는 『문장』의 작품을 텍스트로
확정한다.

팔다리 쭉뺏고 한길에 펑 드러눕다
총총 백인 별이 방울지듯 치렁치렁
燦爛만 저리 悠久 했다

사람아 웨 나를 귀찬케 흔들기냐
기껏해야 용수같은 내 土窟 차저들라고

한창 새벽「해」와 「길」이 쓸곳없다
燦爛 만 저리 悠久 코나
내 祈願 도 世紀를 넘어설가

世月이 感激을 좀먹길내
밤마다 酒靈을 졸나댓다

그래 사람들아 그러케들 얌전키냐
하나도 서럽잔코 두번 원통치도 않어
어린자식 안처노코 똑바룬말 못할태냐

그때 열두담장 못 넘어뛰고 만
그 선비는 차라리 목마른채 賜藥을 받 었니라 고
　　　　　　　　　　　　　「한길에 누어」34)

「한길에 누어」는 비극적 세계 극복에의 의지를 자아의 차원에서 집단의 차원으로까지 끌어올린 작품이다. 그 극복에의 의지는 '—키냐' '—태냐'와 같은 명령형 어미의 사용으로 타자에게까지 확대되며, 강렬함과 확신감을 환기시켜 준다.

---

34) 김학동의 『모란이 피기까지는』(문학세계사, 1981)에 유일하게 누락되어 있는 이 작품은
　　『朝光』(1940. 5)에 발표되었다.

1연에서 화자는 '한길에 드러누어' 어둠 속에 빛나는 별을 바라보고 있다. 이는 화자가 처한 현실 세계를 어둠과 밤의 세계로 인식한 소산이며, 별을 우러르는 행위는 어둠과 밤의 상황을 극복하려는 태도에 다름 아니다. 그런데 그 별은 '燦爛 만 저리 悠久'할 뿐 화자와의 거리감이 너무 아득하여 비현실적 대상이 되고 만다.

2연은 별을 지향하는 화자의 자세를 방해하는 타인에 대한 거부인데, 「毒을 차고」에서 '毒을 그만 흩어버리라'하는 벗의 권유에 대해 거부하는 화자의 태도와 일맥상통한다. 별에의 지향함을 포기하는 것은 '土窟' 속에 찾아드는 것과 같은 절망적인 것이기 때문에 화자는 거부할 수 밖에 없다. 즉 화자는 토굴이 의미하는 참담한 지상의 현실에 거주하고 있으면서, 대립되는 세계인 천상 즉 '별'로의 초월을 꿈꾸고 있는 것이다. 그러나 그 초월에의 기원은 '世紀를 넘어설' 정도로 절망적인 것으로 전환된다. 따라서 화자는 '새벽 해와 길'이 쓸모 없을 정도로 절망의 상황에 직면하게 된다. 이와같은 극도의 절망감은 화자의 비극임과 동시에 당시 민족 전체에 해당되는 것이기도 하다. 그리하여 민족은 '세월이 感激을 좀먹는' 것처럼 미래에의 전망이 부재한 절망 속에서 '밤마다 酒靈을 졸라대는' 패배주의적이고 허무적인 삶을 살 수밖에 없다.

5연은 절망과 좌절의 수동적이고 패배적인 삶에 대한 각성과 전환의 의미를 보여준다. 그것은 절망과 좌절을 수용하는 민족의 삶에 대한 반성과 분노의 표상으로 드러난다. 화자는 현재의 상황이 절망적이며 비극적인 것이라 할지라도 그러한 세계가 지속적인 것이 아니라는 것을 영랑시에 드문 어법인 명령법을 사용하여 표출하고 있다. 자신의 세대는 비극적 세계에 거주할 수밖에 없지만 자식들의 세대에는 '十窟'의 지상적 삶을 초극해야 하며, 그 극복은 '자식'들에게 '똑바룬 말'을 해줌으로써 성취될 수 있다는 것이다. 그 '똑바룬 말'은 현실의 비극적 삶을 더욱 절망적이게 하는 '열두담장'을 극복하지 못한 선조들의 삶이 '賜藥'을 받은 것과 같은 것 즉 죽음이라는 의미를 지닌다.

이 시는 극도로 횡포해져 가는 일제 말기의 시대 상황 속에서 깊은 절망과 좌절의 삶을 살고 있는 민족의 정신을 새롭게 환기시키면서, 패배적인 삶의 태도를 극복해야 한다는 시인의 미래 지향적인 인식이 강렬하게 형상화되어 있다. 이와같은 비극적 현실 극복을 서정적인 분위기로 표상한 작품인 「달마지」를 보자.

> 빛갈 환-히
> 東窓에 떠오름을 기두리신가
> 아흐레 어린달이
> 부름도없이 홀로 났소
> 月出 東嶺
> 八道사람 마지하오
> 긔척없이 따르는 마음
> 그대나 고히 싸안어주오
>
>   「달마지」

이 시는 절망과 허무의 자세나 상황이 노출되어 있지 않고, 서정적이며 긍정적인 분위기가 차분한 어조로 노래되어 있다. 달을 기다리는 시간적 배경인 밤은 식민지 시대 상황을 암시하고, 또 그러한 암울한 현실을 '환-히' 비추는 달은 미래에의 긍정적인 전망을 언표한다. 그 전망은 '부름도 없이' 자연 발생적으로 떠오르는 달을 민족이 맞이하고, 달로 표상된 그대 또한 '긔척없이 따르는' 민족을 싸안아주는 화해와 교감의 장면으로 제시된다. 이와같은 화해와 교감의 공간은 영랑이 시대 공간 속에서 심각한 좌절과 절망을 극복하고 도달한 곳이라 할 수 있다.

결론적으로 중기시의 의미 구조는 초기시의 내면 세계에서 외부 현실로 시야를 확대 조망한 시적 화자가 현실을 비극적·절망적으로 인식하고, 그러한 현실을 극복 초월하려는 의지와 함께 미래에 대한 희망이나 신념의 부재로 인하여 허무적이고 소극적인 태도를 보임으로써 갈등을 일으키고 있는 것으로 이해된다.

4. 감격과 죽음의 세계

초기시의 '내 마음'의 시적 공간에서 슬픔과 비애의 정서에 함몰되어 있던 영랑은 몇년 간의 공백기를 거쳐 시야를 외부 현실로 확대하고, 그 현실에의 절망과 좌절 그리고 극복에의 의지와 미래에의 전망 등을 중기시에서 노래하고 있음을 앞에서 살펴 보았다.

후기시에 이르러 영랑은 해방의 감격과 기쁨을 거친 호흡과 들뜬 어조로 형상화 하고 있다. 다시 말하자면 후기시는 당시의 해방이라는 감격적이고 축제적인 시대적 분위기에 걸맞게 웅변적이고 들뜬 어조이며, 지시적 시어 사용으로 인해 시적 긴장감이 약화되어 있으며, 음악적 측면에서도 호흡이 길고 이완된 리듬을 보여주고 있다.

알려진 바와 같이, 영랑은 조국의 독립을 맞이하여 고향인 전남 강진에서 독립촉성회 및 대한청년단 단장을 역임하였으며, 초대 민의원 선거에 출마하여 낙선하자 서울로 이주하여 공보처 출판국장을 역임하기도 하였다. 이와같이 영랑은 해방을 맞이하여 현실 참여에 적극적으로 투신함과 아울러 시작품에서도 식민지 현실의 우울과 고뇌를 떨쳐버리고 해방의 감격과 기쁨을 마음껏 노래하고 있다.

바다로 가자 큰 바다로 가자
우리는 인젠 큰하늘과 넓은바다를 마음대로 가젓노라
하늘이 바다요 바다가 하늘이라
바다 하늘 모두다 가젓노라
옳다 그리하야 가슴이 뻐근치야
우리 모두다 가잣구나 큰바다로 가잣구나
우리는 바다없이 살었지야 숨막히고 살었지야
그리하야 쪼여들고 울고불고 하엿지야
바다없는 항구속에 사로잡힌몸은
살이 터저나고 뼈 튀겨나고 넋이흐터지고

하마트면 아주 꺼꾸러져 버릴것을

오— 바다가 터지도다 큰바다가 터지도다

쪽배 타면 濟州야 가고 오고

獨木船 倭섬이사 갓다 왓지

허나 그게 바달러냐

건너뛰는 실개천이라

우리 三年 걸여도 큰배를 짓자구나

큰바다넓은하늘을 우리는 가젓노라

우리 큰배타고 떠나가잣구나

滄浪을 헤치고 颱風을 거더차고

하늘과 맛이혼 저水平線 뚜르리라

큰 호통하고 떠나가잣구나

바다없는 항구에 사로잡힌 마음들아

툭털고 이러서자 바다가 네집이라

우리들 사슬버슨 넋이로다 푸러노힌 겨래로다

가슴엔 잔뜩별을 안으렴아

손애 잡히는 엄마별 애기별

머리우엔 끄득보배를 이고오럼

발아래 쫙깔린 산호요 진주라

바다로가자 우리 큰바다로 가자

「바다로 가자」

이 작품에서 해방 공간은 '하늘'과 '바다'라는 화해와 긍정적인 분위기를 상징하는 어휘로 제시되고 있다. 해방 공간에 처하여 '뻐끈한' 감격을 느끼는 민족에게 화자는 더욱 넓은 미래에의 공간인 '큰바다'로 가자고 반복하여 권유하고 있다. 또한 과거의 회상으로 일제에 수탈당한 민족 수난의 현실을 '바다 없는 항구속에 사로 잡힌'것으로 형상화 하고 있다. 다시 말해 독립을 맞이하여 우리 민족의 새로운 미래에의 조국 건설을 다짐하는 내용으로 되어 있다. 예컨대 감격적인 해방 공간에서 '별'이 상징하는 삶의 이상을 향한 긍정적인 전망을 통해 미래의 조국 건설에 대한 적극적인 참여를 권유하는 진술로 되어 있다.

그러나 '하늘'과 '바다'로 상징된 해방 공간의 도래에 대한 감격과 기쁨이 희망찬 미래에의 조국 건설로 형상화 되고 있는 이 작품은 영랑 특유의 서정성과 음악성이 드러나지 않고 있다. 뿐만 아니라 해방으로 인한 화자의 감격이 차분하게 가라앉아 있는 상태가 아니라 격앙되어 있어서 오히려 서정성과 음악성을 저해하고 있다. 이 「바다로 가자」에서 영랑의 미래 전망에 대한 인식은 당대의 현실적 상황에 구체적 행동의 기반을 둔 현실 극복의 이성적 합리적 사유가 아니라 시대 조류화된 감정적 차원의 인식이라 할 수 있다. 이러한 영랑의 과잉 의식적이며 감정적 차원의 현실 인식은 해방 공간에 대한 감격과 기쁨의 직접적 노출로 인해 야기된 것이다.

영랑은 해방된 조국의 현실에 대한 감격과 기쁨을 「겨레의 새해」, 「感激 八·一五」, 「千里를 올라 온다」 등에서도 격앙된 감정으로 노래하고 있다.

> 四十년 치욕은 한바탕 험한 꿈
> 四年 쓰린생각 아즉도 눈물이돼
> 이아츰 이가슴 정말 뻐근하거니
> 나라가 처음 萬邦平和의 큰기둥되고
> 百姓이 人類위해 큰일을 맡홈이라
> 　　　　　　　「겨레의 새해」 중에서

> 千里를 올라 온다
> 또 千里를 올라들 온다
> 나귀 얼렁소리 닷는 말굽소리
> 靑雲의 큰뜻은 모혀들다 모혀들다.
> 　　　　　　　「千里를 올라 온다」 중에서

초기시와 중기시에서 암울하고 참담한 시대 현실로 인한 비애와 갈등과 절망의 정서에 휩싸여 있던 영랑은 후기시에 이르러 그러한 정서를 해소하고 의욕과 환희에 넘치는 삶의 자세를 보여준다. 이러한 태도는 「겨레의 새해」에서도 나타나고 있다. 해방 정국의 어수선함과 혼란은 '쓰린 생각'이어서 '눈물'을 초래하지만 그래도 여전히 화자는 '뻐근한' 해방의 감격 속에 거주하고 있다. 또한 「千里를 올라온다」에서도 '청운의 큰뜻'을 안고 민족의 장래와 조국의 미래 건설에 참여하기 위해 몰려오는 군상들을 통해 그 감격을 표출하고 있다. 그런데 후기시는 이러한 감격과 기쁨을 함축적 언어가 아닌 지시적이고 직접적인 언어로 진술함으로써 미학적 형상화에 이르지 못했다는 한계를 보이고 있다.

그러나 후기시 중의 한 편인 「五月아츰」은 이와같은 감격과 기쁨이 미학적으로 형상화된 작품으로 보여진다.

비 개인 五월아츰
홀란스런 꾀꼬리 소리
── 燦嚴한 햇살 퍼저 오름내다.

이슬비 새벽을 적시울 지음
두견의 가슴찢는 소리 피 어린 흐느낌
한 그릇 옛날 香薰, 엇지
이맘 홍근 안저젓스리오만은

이아츰 새 빛에 하늘대는 어린 속잎들
　저리 부드러웁고
그 보금자리에 찌찌찌 소리 내는 잘새의
　발목은 포실거리어
접힌마음 구긴생각 이제 다 어루만저젓나보오.

꾀꼬리 는 다시 蒼空을 흔드오
자랑찬 새 하늘 사치스래 만드오

몰핀 냄새도 이저버렸대서야
不惑이 자랑이 되지않소
아츰 꾀꼬리에 안불리는 魂이야
새벽 두견이 못잡는 마음이야
한 낮이 靜謐하단들 또 무얼하오

저 꾀꼬리 무던히 少年인가보
새벽 두견이야 오 — 랜 中年이고
　내사 不惑을 자랑튼 사람
　　　　　　　　「五月아츰」

　이 작품은 '꾀꼬리'와 '두견'이라는 새가 우리에게 환기하는 상반되는 이미
지의 대비를 통하여 화자의 시대 인식을 과거와 현재로 양분하여 보여주고
있다. 2연의 '두견의 가슴찢는 소리'가 환기하는 것은 암담한 과거 시대의 절
망이며 민족 수난의 역사라 할 수 있으며, 반면에 4연에서 창공을 나는 꾀꼬
리는 새 하늘의 공간을 '사치스럽게' 만드는 희망과 밝음의 이미지를 환기하
고 있다. 말하자면 '두견'은 어둠의 공간에 거주하는 새로서 과거 시대를 대표
하며, 꾀꼬리는 '비 개인 五月아츰'의 공간에서 창공을 나는 새로 해방 공간에
거주하는 새인 것이다.
　1연은 비도 개었을 뿐 아니라 신록이 무성한 오월 중에서도 아침이라는 긍
정적 시공이 내포하는 해방이라는 시대적 배경 속에서 꾀꼬리 소리와 햇살의
이미지가 교직되어 밝음의 분위기를 한층 강화하고 있다. 2연은 과거의 회상
으로, 암담했던 과거 시대의 절망 의식을 두견의 울음으로 형상화 하고 있다.
3연은 다시 현재의 상황으로 되돌아와 아침의 새빛 속에서 갖게 된 보금자리
로 설정된 해방 공간에서, 과거 체험이라 할 수 있는 '접힌마음'과 '구긴생각'

이 다 해소되었음을 말하고 있다. 그리하여 4연에서는 꾀꼬리가 창공을 자유로이 날아다닐 뿐 아니라 자랑스런 새하늘을 마음껏 구가한다. 5연은 이와같은 절망이나 암담함이 해소된 공간 속에서 기쁨과 환희를 만끽하지 못함에 대한 경계를 말하고 있다. 다시 말하자면 해방의 감격과 기쁨을 마음껏 누리자는 화자의 시대에 대한 감정적 차원의 인식이 부각되어 있다고 보여진다. 마지막 연은 현재와 과거의 상황을 대비하고 나서, 그러한 과거와 현재의 상황 속에서도 흔들림 없이 살아온 화자의 삶의 자세를 '不惑을 자랑튼 사람'으로 표상하고 있다.

이 「五月아츰」은 해방의 감격과 기쁨을 직접적이고 감상적인 차원에서 노래하던 것에서 벗어나 자연으로 은유화하여 표출함으로써 언어미학적으로 형상화한 초기시와 동궤에 놓이는 작품이라 할 수 있다. 한편 해방 공간의 기쁨과 감격을 흥분된 어조로 노래하던 영랑은 당대의 좌우익이라는 이데올로기의 첨예한 대립으로 야기된 혼란하고 무질서한 시대상에 접하여 깊은 절망과 회의에 침잠한다.

1) 새벽의 處刑場에는 서리찬魔의 숨길이 획 획 살을애웁니다
   탕탕 탕탕탕 퍽퍽 쓸어집니다
   모두가 씩씩한 맑은눈을 가진 젊은이들 낳기前에 임을빼앗긴 太極旗
       를 도루차저 三年을휘두르며 바른길을앞서것든 젊은이들
   탕탕탕 탕탕작구 쓸어집니다
   연유 모를 때죽엄 원통한 때죽엄
   마즈막 숨이다져질때에도 못잊는것은
   下弦찬달아래鐘鼓山 머리 나르는 太極旗
   오― 亡해가는 祖國이모습
                    「새벽의處刑場」 중에서

2) 아우가 형을 죽였는대 이럿소이다
   조카가 아재를 죽였는대 이럿소이다

> 무슨 뼈에사모친원수였기에
> 무슨 政治의탈을썻기에
> 이래도 이民族에 希望을 붓처 볼수있사오리까
> 생각은끈기고 눈물만 흐름니다
>   「絶望」 중에서

　이 작품들은 당시의 시대적 배경이 직설적으로 노출 형상화 되어 있다. 말하자면 당대의 시대 인식에 대한 날카롭거나 통찰력 있는 인식의 차원이 아니라, 눈 앞에 전개된 상황에 대한 직접적이고 감정적인 차원의 대응 인식이 보일 따름이다.

　1)은 당시의 이데올로기에 따른 갈등으로 인하여 죽어가고 있는 젊은이들에 대한 안타까움이 언어미학적으로 형상화 되지 못한 채 직정적으로 토로되고 있다. 예컨데 젊은이들이 죽어가는 시대상에 대한 심도 있는 성찰이나 인식이 엿보이는 것이 아니라 오직 그러한 시대상에 대한 객관적인 묘사와 반응의 수준에 머물러 있다. 감탄사 '오 ―'가 의미하는 바처럼 이 시는 시대적 혼란에 대한 화자의 감정적 반응이 여과되지 않은 채로 제시되어 있다. 이와 같은 비극적인 세계에서 화자는 또 다시 '亡해가는 조국이모습'을 바라볼 뿐 그에 대한 적극적인 행동 양식이나 대처 방안을 제시하지 못하고 있다.

　그리하여 화자는 작품 2)에서와 같이 해방 공간에서 그 어떤 희망도 가질 수 없는 막막한 상황에 처하게 되며, '생각은끈기고 눈물만' 흘리는 수동적인 행동 양식을 보여주고 있을 따름이다. 이는 그러한 시대 상황에 대한 투철한 인식의 결핍으로 인하여 비극적 정조에 함몰되고 마는 수동적 화자를 통하여 영랑의 생에 대한 자세의 일단을 엿볼 수 있게 해준다.

> 무슨 대견한 옛날 였으랴
> 그래서 못잊는 오월 이랴
> 靑山을 거닐면 하루한치식
> 뻗어오르는 풀숲사이를

보람만 달리든 五月이러라

아모리 두견이 애닯어 해도
황금 꾀꼬리 아양을 펴도
섫고 좋고 그렇기 보다는
풍기는 내음에 지늘껴것만
어느새 다해 — 진 五月이러라

「五 月 恨」 중에서

「五月아츰」에서 '5월'의 시간적 공간은 '燦嚴한 햇살 퍼저 오르는' 상황으로 설정되어 있다. 그러나 「五月恨」에서는 그러한 상황이 상실된 것으로 드러난 다. 즉 영랑에게 희망적이고 긍정적인 의미를 환기시켜주던 '5월'은 해방으로 인한 당대 사회의 혼란과 무질서로 인하여 '어느새 다해 — 진 五月'로 인식되 어진다. 영랑이 희망하고 추구하던 세계의 상실로 인한 허무 의식의 표상이라 할 만하다. 그리하여 '두견이'나 '꾀꼬리'가 내포하는 상반되는 상황에 대해서 도 화자는 감정이나 의식의 동요를 보이지 않는 자세를 드러낸다. 예컨데 '섫 고 좋고'를 따지는 것이 무의미하다는 허무적인 자세를 노출한다. 당시대의 비관적 인식으로 야기된 이러한 허무 의식은 「발짓」에도 형상화 되어 있다.

건아한 낮의 소란소리 풍겼는듸 금시 퇴락하는양
묵은 壁紙의 내음 그윽하고
저 쯤 에사 걸려 있을 희멀끔한 달
한자락 펴진 구름도 못 말어놓는 바람이어니
묵근히 옮겨 딛는 밤의 검은 발짓 만 고되인 넋을 짓밟누나
아! 몇날을 더 몇날을
뛰어본다리 날아본다리
허잔한 風景을 안고 고요히 선다.

「발짓」

조국 독립에의 감격과 기쁨이 퇴락하는 상황에 직면한 화자는 '허잔한 풍경'으로 제시된 시대상에 대해 허무와 절망의 감정을 안을 수밖에 없다. 그리하여 새로운 조국 건설에의 열망이 혼란과 무질서로 바뀌어 드러나는 모습이 '묵은 壁紙', '희멀끔한 달', '구름도 못 말어놓는 바람', '밤의 검은 발짓' 등으로 중첩 강조되고 있다. 이와 같이 비극적인 당시대 인식은 화자의 '고되인 넋을 짓밟는' 가해적인 상황으로 진술됨으로써, 역설적으로 화자의 시대 개선에 대한 소극적인 참여의 자세를 보여주고 있다. 말하자면 화자의 시대 상황 개선에 대한 의지가 확고하거나 투철하지 못하다는 것이다. 그러한 것은 '아!'라는 영탄의 표현과 '뛰어본다리 날아본다리'라는 회의적인 언술을 통하여 구체적인 모습을 드러낸다. 이러한 태도로 인하여 화자는 결국 그러한 상황에 '고요히 서'있을 수밖에 없는 허무와 좌절의 모습을 드러낸다.

그럼에도 불구하고 이와 같이 암울한 시대 인식은 결코 비극적인 곳에만 머물러 있지는 않다.

> 언땅 한길 파도 파도
> 괭이는 앞으게 맡이더라
> 언 — 대로 묻어두기 불상하기사
> 봄되여 녹으면 울며 보채리
> 두자세치를 눈이 덮혀도
> 뿌리는 얼신 못건드려
> 대 죽고난 이 三月 파르스름히
> 풀닢은 깔리네 깔리네
>
> 「언 — 땅 한길」

「언 — 땅 한길」에서 화자는 '언땅'이 언표하고 있는 해방 공간의 암담하고 가혹한 상황을 극복하고자 하는 몸짓으로 땅을 파는 행위를 한다. 그러나 해방의 결과는 희망적인 것이 아니라 '괭이가 앞으게 맡이는' 절망적인 것으로 제시된다. 오히려 시대의 절망은 이와 같은 화자의 적극적인 행위를 통하여

제거되는 것이 아니라 '봄'이라고 하는 시대적 전망에 의해 관념적으로 극복
되어진다. '눈이 덮혀도' '뿌리는 얼신 못건드려'라고 하는 진술을 통하여 볼
때, 화자의 미래에 대한 전망은 낙관적이며 긍정적인 데 기초하고 있다. 그리
하여 '언땅'에서 눈에 덮혀 있던 '뿌리'는 3월이 되어 파르스름한 풀닢들을 돋
아나게 해주고 있다.

「언 — 땅 한길」은 화자가 해방으로 인한 감격과 기쁨을 당시의 혼란과 무
질서에 의해 손상받은 나머지 다시 절망과 좌절의 정서에 침잠하지만, 그러한
소극적 정서에 고착적으로 안주하고 있지만은 않다는 것을 보여주고 있다. 화
자의 미래에의 긍정적인 전망은 '언 — 땅을 파는' 행위에 기초하고 있다. 이
는 영랑이 좌절과 허무 속에서도 끝내 절망할 수 없다는 신념의 일단을 함축
하고 있는 세계관을 보여주는 것이다.

해방의 감격을 구가하던 영랑은 당시의 혼란스런 시대적 현실을 맞이하여
비관적인 세계 인식과 허무 의식을 느끼게 되고, 그리하여 인생의 문제 즉 삶
과 죽음에 대하여 생각하게 된다. 영랑의 후기시는 당대의 시대적 혼란으로
야기된 허무와 절망 의식이 인생의 허무와 절망으로 전환되고, 그 허무의 정
도가 더욱 강화된 나머지 죽음에의 의식으로 경도됨을 보여준다. 다시 말하면
외부 세계에 대한 화자의 절망이 삶의 허무와 좌절로 전환되고, 여기서 야기
된 생의 회의는 죽음 의식으로 귀착되고 있다.

> 좀평나무 높흔가지끝에 얼킨 다 해진 흰실낱을 남은 몰나도
> 보름전에 산을넘어 멀리가버린 내연의 한알 남긴 서름의 첫씨
> 태어난뒤 처음높히 띄운보람 맛본보람
> 않 끈어젓드면 그렇수 없지
> 찬바람 쐬며 코ㅅ물 흘리며 그겨울내 그실낱 치어다보러 다녔으리
> 내인생이란 그땜버텀 벌서 시든상 싶어
> 철든 어른을 뽑내다가도 그흰실낱같은 病의 실마리
> 마음 어느한구석에 도사리고있어 얼신거리면
> 아이고! 모르지

불다 자는 바람
타다 꺼진 불똥
아! 인생도 겨레도 다 멀어지든구나
　　　　　　　　　「연 2」

이 작품에서 '연'은 화자의 보람을 상징하는 매개물이고, 그것은 연실을 통하여 화자와 연결되어 있다. 그러나 보람을 화자와 접맥하고 있던 연실이 단절된 상태로 존재하기 때문에 '연'은 화자에게 '서름의 첫씨'로 부각된다. 즉 화자는'연'의 상실로 인하여 인생의 허무를 인식하게 된다. 여기서 인생의 허무를 유발하는 원인이 연의 상실로 언표되고 있는데, 그 연의 상실은 '인생과 겨레'의 심상과 동일화되어 화자에게서 멀어지는 것으로 표상되어 있다. 인생과 겨레를 '연'으로 상징한 「연2」에서 화자는 현실적 상황에 대한 절망 의식과 그로 인한 자기 절망감을 '아! 인생도 겨레도 다 멀어지든구나'로 표현하고 있다. 현실과 자기 자신에 대한 이중적인 절망은 마침내 화자를 삶의 한계적인 상황에 도달하게 만든다.

　山川이 아름다워도 노래가 고앗드래도 사랑과 예술이 쓰리고 달끔하여도
　그저 허무한 노릇이여라 모든 산다는것 다 — 허무하오라
　짧은 그동안이 행복햇든들 참다웟든들 무어 얼마나 다를나드냐
　다 마찬가지 아니냠만 나흘러냐? 다 — 허무하오라

　그날 빛나든 두눈 딱감기여 瞑想한대도 눈물은 흐르고 허덕이다 숨다지면 가는거지야
　더구나 총칼사이 헤매다죽는 태어난悲運의 겨레이어든
　죽음이 무서웁다 새삼스래 뉘 卑怯할소냐만은 卑怯할소냐 만은
　죽는다 — 고만이라 — 이허망한 생각 내마음을 웨 꼭붓잡고 노칠안느냐

忘却하자— 해본다 지난날을 아니라 닥처오는 내 죽음을
아! 죽음도 忘却할수있는것이라면
허나 어듸죽음이야 忘却해질수 있는것이냐
길고 먼世紀는 그죽엄다— 忘却하였지만

「忘却」 중에서

「忘却」에서의 죽음 의식은 시대적 상황으로 유발된 것이 아니라 인생 자체의 존재론적 차원의 것이다. 시대적 절망으로 인하여 인생의 문제로 시야를 돌린 시적 화자에게 특징적인 하나의 사실은 인생에 대한 사유가 회고적이라는 점이다. 즉 현재의 시점에서 돌이켜 볼 때 화자의 지나온 삶이 모두 허무한 것이라는 인식에 도달하고 있다. 그 허무의 끝에 죽음이 자리잡고 있으며, 역으로 인생의 결말이 죽음으로 마감지어지기 때문에 허무하다는 것이다. 그런데 화자가 인식하는 죽음은 망각해질 수 있는 것이 아니라 강박관념으로 '꼭 붓잡고 노칠안는' 상태이다. 죽음을 벗어날 수 없는 인생이기 때문에 삶 자체가 무의미하고, 무의미하기 때문에 허무하다는 것이다.

이와같은 삶의 허무주의는 영랑이 식민지 공간에서 끝까지 자신을 지키며 자신의 서정적 세계를 그리움과 기다림의 시학으로 구축하려 했던 것과는 대조적이라 할 수 있다. 해방 공간 이전의 시에서도 상실과 절망의 세계가 노래되고 있기는 하지만, 후기시에서와 같은 극단적인 죽음에까지 이른 상황은 아니었다. 뿐만 아니라 절망을 야기하는 원인도 초기시와 중기시가 식민지라는 시대적 강압이나 암울함이었다면, 후기시의 경우는 해방된 조국 건설에 대한 과잉 열정이나 인생 본질의 허무라는 점에서 구별되어진다.

그리하여 '이지음 서어하나마 인생을 늣기는(「池畔追憶」)' 화자는 삶의 허무함과 덧없음 때문에 죽음을 의식하게 되는데, 그 죽음에의 의식은 전도된 삶의 모습으로까지 극단화된다.

어느 날 어느 때고
잘 가기 위하야

평안히 가기 위하야

몸이 비록
아프고 지칠지라도
마음 평안히
가기 위하야

일만 정성
모두어 보리.

덧없이 봄은 살같이 떠나고
中年은 하 외로워도
이 虛無에선 떠나야 될것을

살이 삭삭 여미고 썰릴지라도
마음 평안히
가기 위하야

아! 이것
평생을 딱는 좁은 길.
「어느날 어느때고」

이 시의 의미 구조는 '정성을 모두어' 사는 삶의 행위 목적이 '마음 평안히' 죽음에 이르기 위함이라는 것이다. 이것을 더욱 단순화 하면 삶의 목적이 편안하게 죽음에 이르기 위하여서라는 것인데, 이는 삶의 명분을 부정적이고 폐쇄적으로 파악한 것이다. 여기서 중요한 것은 '마음'에 대립되는 '몸'과 '살'이 설정되어 있다는 것이다. 화자는 인간을 정신과 육체라는 이원론적인 측면에서 파악하고 있으며, 보다 가치있는 삶을 정신 즉 마음의 평안함이 유지되는 것으로 진술하고 있다. 문제는 화자가 마음의 평안한 상태를 죽음으로 파악하고 있다는 데 있다. 그리하여 화자는 현실을 '몸이 아프고 지치거나' '살이 삭삭 여미고 썰리는'곳으로 인식하고, 그러한 현실에서의 삶은 허무하기 때문에 그 허무를 벗어나기 위한 방편으로 죽음을 선택한다. 죽음이 현실의 괴로움을 제거해 줄 대안으로 미화되는 경지에 이르고 있는 것이다.

후기시의 의미는 중기시와 마찬가지로 현실 세계의 체험을 형상화한 것이지만 시대적 배경이 서로 다르다는 차이점을 가지고 있다. 따라서 해방의 감격과 기쁨, 해방 공간의 혼란과 무질서에 따른 절망이 교직되어 있는 후기시는 그러한 절망 의식으로 야기된 죽음에의 인식이 직설적으로 형상화되어 있는 것으로 보인다.

4. 결 론

의미의 층위에서, 영랑시는 '내 마음'의 순수 서정을 노래하던 초기시에서 후기시로 이행해 갈수록 시대 현실과 삶에 대한 대사회적 관심사를 형상화하는 쪽으로 변모되고 있다.

초기시는 '내 마음'의 순수 서정이라는 시적 공간을 지니고 있는데, 내 마음 속 정서는 슬픔과 비애로 착색되어 있다. 그런데 이 슬픔과 비애를 유발하는 자극은 상실감 때문이며, 이 상실감은 영랑의 상처와 국권 상실의 체험에서 기인된 것으로 보여진다. 한편 영랑은 상실에 대한 대응 양상을 허무와 좌절의 모습으로 보여주기도 하지만 기다림과 그리움의 자세를 통하여 슬픔과 비애로 요약되는 비극적 세계를 극복하려는 면모를 보여주기도 한다. 다시 말해 영랑의 초기시는 상실과 방황, 슬픔 등으로 점철된 지상의 현실을 내면으로 수렴하여 비극적 세계로 인식하고, 그러한 세계를 벗어나고자 하는 미래 지향적 의지를 그리움이나 기다림, 기원, 영원과 생명 지향성, 적극적 실천 행위 등을 통하여 형상화하고 있다.

중기시는 초기시의 내면 세계에서 외부 현실로 시야를 확대 조망한 화자가 현실을 비극적이며 절망적으로 인식하고, 그러한 현실을 극복 초월하려는 의지를 보임과 동시에 미래에 대한 희망이나 신념의 부재로 인하여 허무적이고 소극적인 태도를 보임으로써 갈등을 일으키고 있는 양상을 드러낸다. 이에 따라 시적 언어가 내포적이고 암시적이며 음악적이었던 초기시에 비해 중기시의 시어는 외연적이고 지시적이며 산문적인 특징을 지니고 있다.

후기시는 해방의 감격과 기쁨, 해방 공간의 혼란과 무질서에 따른 절망이 교직되어 있으며, 그러한 절망 의식이 죽음에의 인식으로 심화되어 직설적으로 형상화되고 있다. 그리하여 후기시는 당시의 해방이라는 감격적이고 축제적인 시대적 분위기에 걸맞게 웅변적이고 들뜬 어조이며, 지시적 시어 사용으로 인해 시적 긴장감이 약화되고 있으며, 음악적 측면에서도 호흡이 길고 이완된 리듬을 보여주고 있다.

영랑시의 변모 양상을 시기별로 나누어 고찰한 결과, 본고는 영랑시가 심미적 일락을 노래했다거나, 자아의 고립화로 인한 폐쇄적 세계 — 내 마음의 순수 서정 — 의 형상화로 인하여 당대의 현실과 체험의 맥락에서 일탈되었다는 기왕의 부정적 평가가 피상적이라는 사실을 밝혔다. 뿐만 아니라 기왕의 연구가 언어 예술적 형상성이 뛰어난 초기시에 주목하여 논의를 진행한 결과, 한 시인의 시세계 전체상을 엄정하고 객관적으로 살펴볼 수 없었던 한계를, 본고에서는 대사회적 현실 인식이 충만한 중기시와 후기시를 아울러 살펴봄으로써 극복할 수 있었다.

영랑은 한국 현대시문학사에 있어 순수한 서정성의 계발과 함께 천부적인 언어적 감수성을 보여주는 시어의 조탁을 통해 모국어의 완성을 지향한 선구저 위치를 점하는 시인이라 할 수 있다. 또한 그의 시는 우리 고유의 전통적인 서정과 가락을 현대적 작시법에 의해 창조적으로 형상화한 탁월한 면모를 보인다. 따라서 영랑의 시는 소월의 뒤를 이어 한국적 순수 서정을 언어미학적 형상화를 통해 확립해 냄으로써 시문학사상의 의의를 지닌다. 다시 말해 영랑시는 소월의 민요적 운율을 더욱 한국적이고도 개성적인 운율로 재구성했을 뿐 아니라 한국의 풍토와 감각, 지방의 조밀한 언어를 사용하여 순수 서정의 세계를 청신한 언어 표현으로 시화시킨 점에서 소월시의 발전적 도정에 위치하고 있는 것이다. 아울러 영랑시는 한국 현대 서정시의 혈맥을 다음에 오는 시인들인 미당 서정주와 청록파 시인 등에게 연결시켜주고 있다.

일제 식민지 치하라는 당대의 시대적 억압과 질곡 속에서 모국어의 완성을 추구한 영랑의 노력은 시문학사적인 측면에서의 의미 뿐만 아니라, 시인으로서의 시대적 현실에 대한 대응의 측면에서도 긍정적으로 평가된다. 다만 후기시로 이행해 가면서 해방 공간이라는 시대적 현실에 흥분 압도되어 시인의 감성이 여과 정제되지 않은 채 직정적으로 분출되므로써 초기시에서 보여준 언어 미학성이 약화된 점이 영랑시의 한계로 남는다. 그러나 한국적 순수 서정의 세계를 독창적인 시어와 탁월한 리듬으로 구현해 낸 영랑시는 한국 현대시에 있어서 최정점을 점유하고 있으며, 그 시적 영향은 지금까지 계속하여 지속성을 유지함으로써 시문학사상의 중요한 의의를 지니게 된다.

제 4 부 영랑 연구 자료집

1. 김영랑 연보

김영랑 연보

1903년(1세): 1월 16일(음력 1902년 12월 18일) 전남 강진군 강진읍 남성리 (塔골) 211번지에서 김종호(金鍾湖)의 2남 3녀 중 장남으로 태어났다. 아명은 채준, 본명은 김윤식(金允植).

1909년(7세): 강진(康津)보통학교에 입학했다.

1915년(13세): 강진보통학교를 졸업했다.

1916년(14세): 16세의 김해(金海) 김씨와 결혼했고, 모친의 도움으로 서울에 올라와 기독교 청년회관에서 영어를 공부했다.

1917년(15세): 휘문의숙에 입학했다. 행인(杏仁) 이승만(李承萬) 화가와 같은 반으로 친교를 맺었으며, 선배로 月灘·夕影·露雀이 있었으며, 후배로 芝溶·尙虛 등이 있었다. 부인과 사별했다.

1919년(17세): 기미독립운동이 일어나자 강진에 돌아와 학생운동을 모의하다 일본 경찰에 체포되어 대구형무소에서 약 4개월 동안 복역하였다.

1920년(18세): 일본에 건너가서 청산학원(靑山學院) 중학부에 입학했다. 박열(朴烈)과 같은 방에서 하숙했다. 龍兒 박용철과 친교를 맺기 시작했다. 박용철의 권유로 시를 짓기 시작했다.

1921년(19세): 일시 귀국하여 성악 공부를 하려다가 부친의 완강한 만류로

포기했다. 이무렵 허약한 체질로 2-3개월간 치료를 받았다.

1922년(20세): 일본 청산학원 영문과에 진학하여 영문학을 전공했다.

1923년(21세): 관동대진재로 인하여 학업을 중단하고 귀국했다.

1924년(22세): 서울에 올라와 때마침 팽만되어 있는 신흥 사회주의 문사들과 친교를 맺고, 무희 최승희(崔承喜)와도 알게되어 교제하기도 했다.

1925년(23세): 개성 호수돈여고 출신의 김귀련(金貴蓮)과 재혼하여 고향으로 돌아와 살게 되었다.

1927년(25세): 장녀 애로(愛露) ― (현재 전직 의사인 남편 이상무와 서울에 살고 있음) ― 가 출생했다. 금강산을 박용철과 함께 여행하였다.

1928년(26세): 장남 현욱(炫郁) ― (89년 사망했음) ― 이 출생했다.

1930년(28세): 박용철, 정지용 등과 함께 『詩文學』지를 간행하여 「동백닙에 빗나는마음」 등 30여편의 시작품을 발표했다.

1932년(30세): 차남 현국(炫國) ― (현재 법정 통역관으로 미국의 뉴욕에 살고 있음) ― 이 출생했다.

1934년(32세): 박용철이 주간한 『文學』지에 「모란이 피기까지는」과 「四行小曲」 등의 시작품을 발표했다.

1935년(33세): 시문학사에서 그동안 잡지에 발표한 36편과 새 작품 17편을 포함하여 총 53편의 첫 시집인 『永郎詩集』을 박용철이 편집하여 간행했다. 3

남 현철(炫澈) — (현재 『한겨레저널』의 발행인으로 미국의 마이애미에 살고 있음) — 이 출생했다.

1938년(36세): 4남 현태(炫邰) — (현재 단국대 불문학과 교수로 서울에 살고 있음) — 가 출생했다.

1940년(38세): 5남 현도(炫道) — (현재 오스트리아에 살고 있음) — 가 출생했다.

1944년(42세): 차녀 애란(愛蘭) — (현재 서울에 살고 있음) — 이 출생했다.

1945년(43세): 8월 15일 해방이 되자 강진에서 대한독립촉성회 단장을 역임하였다.

1948년(46세): 5월 10일 초대 민의원 선거에 출마했다가 낙선했다. 가을에 가족과 함께 서울 성동구 신당동 290의 74호로 이사하였다.

1949년(47세): 공보처 출판국장으로 가을에 취임하여 그 이듬해 4월에 퇴직했다. 서정주가 편집한 『永郞詩選』이 중앙문화사에서 간행되었다. 이 시집은 『永郞詩集』에서 43편을 골라 재록하고, 새로 17편을 수록하여 총 60편으로 이루어졌다.

1950년(48세): 6.25사변이 일어나 미처 피난을 못간 영랑은 서울 장충동 친척집에 은신해 있다가 서울 수복을 앞둔 양군의 공방전에서 날아온 포탄의 파편으로 9월 27일 복부상을 입고 9월 29일 작고했다. 망우리 공동묘지에 안장되었다.

1970. 8. 29: 전남 光州공원에 永郞詩碑가 건립되었다.

2. 가족이 본 아버지 영랑

아버지 영랑

우리 민족이 일제 사슬에서 풀리던 그 날. 흰모시 한복 차림의 아버님은 상기된 표정으로 사랑채 뒷골방, 장롱 아래칸 문을 여셨습니다. 서류 보따리 깊숙히 30여년간 빛을 못 보아 찌든 국기를 소중히 꺼내시면서 떨리는 목소리로 이것이 우리나라 태극기라고 말씀하셨습니다. 어린 나이에 느낌이 이상해 바라본 아버님의 두 눈에는 촉촉히 이슬이 맺혀 있었습니다. 그리고는 곧 온 식구들과 이웃 사람들을 모아서 태극기를 크레용으로 되도록 많이 그리라고 재촉하시면서 아버님 스스로도 온종일 태극기를 그려내셨습니다. 이렇게 해서 마을의 모든 동포들이 잇따라 열리는 조국의 광복 축하 행사 때마다 각자의 손에 우리 집에서 서툴게 그려낸 태극기가 하나씩 들렸었습니다.

해방되는 그 날까지 우리집 정문 앞 기둥에는 일경이 매주 한 번씩 찾아와 집에 아버님이 계시는지 확인하는 요시찰인 사찰함이 걸려 있었지만, 어린 나이에 그게 무엇인지 왜 경찰관이 매주 한 번씩 와서 거기에 도장을 찍는지 당시에는 알 수가 없었습니다. 기미년 3·1만세 사건에 가담하셔서 17세 소년의 몸으로 대구 형무소에서 육개월 옥살이를 마친 이래 모든 일본인과 조선인 남성들이 의무처럼 받아들였던 삭발령을 해방되는 그날까지 거부했을 뿐 아니라 일본 국민의 의무로 되어 있는 신사참배를 거부하셨고, 일본식 성으로 창씨하라는 명령마저 거부하면서 집안에 칩거, 시창작에만 전념하셨던 아버님이셨기에 일본 경찰은 계속 아버님의 뒤를 따랐었던 것입니다.

창씨를 하지 않는다 해서 일년이면 몇 차례씩 중학교 선생님들로부터 '언제 일본성으로 바꿀 것이냐, 왜 너희 집안만 창씨를 하지 않느냐'고 집요한 꾸지람에 괴로움을 당했던 누이와 형은 영문도 모르고 아버님께 울며 보챘고, 그때마다 아무것도 모르는 어린 자식들에게 아버님은 안타까운 듯 담담한 어조로 '다음에 한다고 해' 하곤 얼버무리곤 하셨습니다.

반드시 모란은 피고야 만다는 신념과 기다림 속에서 아버님은 뒤 언덕의 우거진 대밭과 동백꽃 나무, 모란, 작약, 백합, 목련, 난초, 석류, 복숭아, 배, 살구, 은행, 단풍 등과 잘 가꿔진 그 밖의 이름모를 각종 화초와 초목들에 묻혀 이들을 벗하며 해방의 그날, 찬란한 슬픔의 봄을 손꼽아 기다리셨습니다.

아버님은 시창작에 골몰하시다가도 무료하실 때면 거문고와 양금, 가야금으로 나라 잃은 설움을 달래셨고, 국창으로 알려진 명창들을 모셔다 손수 북채도 잡으시고 소리를 즐기셨습니다. 당시 기억으로 김소희, 박규회 등 여러분들이 다녀가셨습니다. 또 브람스, 모짜르트, 베토벤, 차이코프스키의 음악들을 축음기를 통해서 감상하실 때에는 고전음악을 이해할 길 없었던 어린 자식들을 무릎 위에 앉히시는 바람에 어린 저로서는 엄격하기가 호랑이 같으셨던 아버님 품을 빠져나오지 못한 채 곤욕을 치르곤 했었습니다.

6·25 동란으로 인민군이 패퇴하면서 쏜 포탄에 서울에서 지하 생활 3개월의 고통을 감내하신 보람도 없이 아버님은 48세를 일기로 유명을 달리하셨습니다. 80여 편의 주옥같은 시를 남기시고.

이제 와서 가장 안타까운 것은 인민군이 우리 가족들이 피난가고 없는 서울의 빈집에 들어와 아버님이 평생 모으셨던 2,000여 권의 장서를 비롯해서 북, 거문고, 가야금 그리고 수백장에 달했던 한양 고전음악 축음기판 등 유품 하나 남기질 않고 전부 실어 가버린 점입니다. 육필이 그래서 한 점 남아 있지 않은 서글픈 현실입니다. 이젠 거금으로도 환원될 수 없는 것들이기에 자식들의 마음은 더욱 쓰라릴 수밖에 없는 것입니다. 이상입니다.

곧 이어서 보내드리는 사진을 잠깐 설명드리겠습니다. 독사진은 제헌국회 때 강진에서 국회의원으로 출마를 하신 적이 있는데 그 때 사진입니다(이 책 앞의 사진).

(이 글은 편저자가 "가족이 본 아버지 영랑"이라는 내용의 테잎을 영랑의 3남인 김현철 님에게 부탁하여 1995년 10월 26일 녹음된 것이다.)

3. 김영랑 작품 연보

김영랑 작품 연보[1)]

(1) 詩

발표년도	제 목	발 표 지	비 고
1930년	「동백닙에빗나는마음」	『시문학』 1호, 3월	
	「어덕에 바로누어」	『시문학』 1호, 3월	
	「누이의마음아 나를보아라」	『시문학』 1호, 3월*	*『여성』 3권 10호에 「가을」로 改題됨
	「四行小曲 7편」 -뵈지도 안는 입김의 -님두시고 가는길의 -문허진 성터에 -저녁째 저녁째 -풀우에 매저지는 -푸른 향물 흘러버린 -좁은길가에 무덤이	『시문학』 1호, 3월	
	「除 夜」	『시문학』 1호, 3월	
	「쓸 슬 한 뫼 아 페」	『시문학』 1호, 3월	
	「원 망」	『시문학』 1호, 3월	
	「내마음고요히고흔봄길우에」	『시문학』 2호, 5월	
	「꿈바테 봄마음」	『시문학』 2호, 5월	

---

1) 본래 사행소곡의 제목은 없었으나, 첫 구절을 인용하여 제목을 삼기로 한다.

발표년도	제 목	발 표 지	비 고
1930년	「四行小曲 5편」 -허리띄 매는 시악시 -못오실 님이 -다정히도 부러오는 -향내 업다고 -어덕에 누어	『시문학』 2호, 5월	
	「가늘한 내음」	『시문학』 2호, 5월	
	「하날가ㅅ다은데」	『시문학』 2호, 5월	
1931년	「내마음을아살이」	『시문학』 3호, 10월	
	「四行小曲 5편」 -밤ㅅ사람 그립고야 -눈물속빗나는 보람과 -뷘 포케트에 손찌르고 -바람에 나붓기는 깔닢 -뻘은 가슴을 훤이 벗고	『시문학』 3호, 10월	
	「시내ㅅ물소리」	『시문학』 3호, 10월	
1934년	「四行小曲 6편」 -그밖에 더 아실이 -밤이면 고총아래 -저곡조만 마조 호동글 -山골을 노리터로 -사랑은 깊으기 -빠른 철로에	『문학』 1호, 1월	
	「모란이 피기까지는」	『문학』 2호, 2월	
	「佛 地 菴 抒 情」	『문학』 2호, 2월	
1935년	4.「늬 눈결에 쏘이였소」 7.「눈물에 실려가면」 15.「숨향긔 숨길을」(四行小曲) 19.「그색시 서럽다」(四行小曲) 23.「떠날러가는 마음의」(四行小曲)	『영랑시집』, 11월	*일련번호는『영랑시집』에 수록될 때 붙여진 것이다.

발표년도	제　　목	발　표　지	비　고
1935년	27.「미움이란 말속에」(四行小曲) 36.「생각하면 붓그려운」(四行小曲) 37.「왼몸을 감도는」(四行小曲) 40.「그대는 호령도 하실만하다」 41.「아퍼누어 혼자 비노라」 47.「물보면 흐르고」 48.「降仙臺 돌바늘끝에」 49.「사개틀닌 古風의퇴마루에」 50.「마당앞 맑은새암을」 51.「황홀한 달빛」 52.「杜鵑」 53.「淸明」	『영랑시집』, 11월	
1938년	「가을」*	『여성』 3권 10호, 10월	* 「누이의마음아 나를보아라」改題 이다
1939년	「거문고」	『조광』 5권 1호, 1월	
	「가야금」	『조광』 5권 1호, 1월	
	「달마지」	『여성』 4권 4호, 4월	
	「연(1)」	『여성』 4권 5호, 5월	
	「五月」	『문장』 1권 6호, 7월	
	「毒을 차고」	『문장』 1권 10호, 11월	
	「墓碑銘」	『조광』 5권 12호, 12월	
1940년	「한줌흙」	『조광』 6권 3호, 3월	
	「江 물」	『여성』 5권 4호, 4월	
	「한길에 누어」	『조광』 6권 5호, 5월	
	「偶感」	『조광』 6권 6호, 6월	
	「호젓한노래」	『여성』 5권 6호, 6월	
	「집」	『인문평론』 11호, 8월	
	「春香」	『문장』 2권 7호, 9월	
1946년	「북」	『동아일보』 12월 10일	

발표년도	제 목	발 표 지	비 고
1947년	「바다로 가자」	『민중일보』 8월 7일	
1948년	「놓인 마음」	『신천지』 3권 9호, 10월	
	「새벽의 處刑場」	『동아일보』 11월 14일	
	「絶望」	『동아일보』 11월 16일	
1949년	「연(2)」	『백민』 17호, 1월	
	「겨레의 새해」	『동아일보』 1월 6일	
	「忘却」	『신천지』 4권 8호, 8월	
	「발 짓」	『민성』 5권 8호, 8월	
	「感激 八·一五」	『서울신문』 8월 15일	
	「五月아츰」	『문예』 1권 2호, 9월	
	「行軍」	『민족문화』 1권 1호, 9월	
	「수풀아래 작은 샘」	『영랑시선』 10월	
	「언-땅 한길」	『영랑시선』 10월	
1950년	「池畔追憶」	『민족문화』 1권 2호, 1월	
	「千里를 올라 온다」	『백민』 21호, 3월	
	「어느날 어느때고」	『민성』 6권 3호, 3월	
	「五 月 恨」	『신천지』 5권 6호, 6월	

(2) 譯詩

발표년도	제 목	발 표 지	비 고
1930년	「하날의 옷감」 (예이츠 원작)	『시문학』 2호, 5월	
	「이니스쯰리」 (예이츠 원작)	『시문학』 2호, 5월	
1949년	「나치反抗의노래」 (바이너트 원작) -虐毒殺者의 군대를 떠나라! -히틀러에 對하는 獨逸兵士 -兵士들이여 이제는 아무 希望도 없다	『신천지』 4권 3호, 3월	

(3) 隨筆

발표년도	제 목	발 표 지	비 고
1938년	「감나무에단풍드는 全南의九月」	『조광』 4권 9호, 9월	
1939년	「朴龍喆全集 1권 後記」	『박용철전집』 5월	
	「杜鵑과종달이」 (上)	『조선일보』 5월 20일	
	「杜鵑과종달이」 (下)	『조선일보』 5월 24일	
	「人間朴龍喆」	『조광』 5권 12호, 12월	
1940년	「春 雪」	『조선일보』 2월 23일	
	「春 水」	『조선일보』 2월 24일	
	「春 心」	『조선일보』 2월 27일	
	「垂 楊」	『조선일보』 2월 28일	
	「芝溶兄」	『여성』 5권 5호, 5월	
	「補 遺」	『박용철전집』 2권, 5월	
1947년	「熱望의獨立과冷徹한現實」	『민중일보』 6월 17일	

1949년	「文學이 副業이라던 朴龍喆兄垂」	『민성』 5권 10호, 10.1.	
	「出版文化育成의構想」	『신천지』 4권 9호, 10월	
	「制服없는大學生」	『해동공론』 5권3호,12월	
1950년	「新人에 對하여」	『민성』 6권 4호, 4·5합병호	

(4) 설문응답

발표년도	제　　목	발　표　지	비　고
1939년	「避暑地 巡禮」	『여성』 4권 8호, 8월	
	「餘白問答」	『조광』 9월	
1940년	「내가 私淑한 詩人」	『시학』 1월 5집	
	「餘白問答」	『조광』 4월	
1949년	「國會議員에 대한 세가지 질문」	『민성』 10월	
	「民主主義에 관하여」	『신천지』 10월	
1950년	「사교댄스와 유행에 관하여」	『신천지』 10월	

4. 김영랑 연구 자료 목록

김영랑 연구 자료 목록

(1) 詩集(單行本)

『영랑시집』(시문학사, 1935)

『영랑시선』(중앙문화협회, 1949)

『현대시집』(정음사, 1950)

『영랑시선』(정음사, 1956)

『영랑시집』(박영사, 1959)

『영랑·용아시선』(영랑 용아시비건립위원회, 세운문화사, 1970)

『모란이 피기까지는』(삼중당, 1975)

『김영랑·박용철 외』(지식산업사, 1981)

『김영랑전집·평전』(김학동, 문학세계사, 1981)

『모란이 피기까지는』(동서문화사, 1984)

『모란이 피기까지는』(혜원출판사, 1984)

『찬란한 슬픔』(어문각, 1985)

『김영랑시집』(범우사, 1985)

『모란이 피기까지는』(문지사, 1986)

『내 마음을 아실이』(융성출판사, 1986)

『모란이 피기까지는』(자유문학사, 1987)

『모란이 피기까지는』(민중서각, 1987)

『김영랑시집』(도서출판 동하, 1991)

『모란이 피기까지는—김영랑전집』(미래사, 1991)

(2) 전집 · 선집

『현대서정시선』(이하윤, 박문서관, 1939)

『현대조선문학전집-시가집』(조선일보출판사부, 1939)

『현대조선시인선집』(임화, 학예사, 1939)

『新撰시인집』(시문학사, 1940)

『조선문학전집(10) 시집』(임학수, 한성도서주식회사, 1949)

『현대조선명시선』(서정주, 온문사, 1950)

『현대시집』(정음사, 1950)

『현대시인선집 · 上』(김용호 · 이설주, 문성당, 1954)

『사랑의 서정시』(김용호, 박영사, 1957)

『한국시인전집 5』(백철, 신구문화사, 1959)

『한국문학전집 34 · 시집 上』(민중서관, 1959)

『신한국문학전집 15권 시선집 · 1』(어문각, 1976)

『한국문학전집(65) 시집 · 1』(민중서관, 1976)

『한국서정시선』(열음사, 1986)

(3) 연구 논문

1. 박사 학위논문

최동호, 「한국현대시에 나타난 물의 심상과 의식의 연구-김영랑 · 유치환 · 윤동
　　　주의 시를 중심으로-」, 고려대, 1981.

김명인, 「1930년대 시의 구조연구-정지용 · 김영랑 · 백석의 시를 중심으로」, 고
　　　려대, 1985.

정숙희, 「김영랑문학연구」, 인하대, 1987.

양병호, 「영랑시연구」, 전북대, 1992.

허형만, 「영랑 김윤식 연구」, 성신여대, 1993.

2. 석사 학위논문

송영목, 「한국시분석의 가능성-특히 영랑 시 분석을 중심으로-」, 경북대, 1963.
오하근, 「김영랑의 <모란이 피기까지는>의 운율과 구조와 의미분석 연구」, 전북
　　　대, 1975.
김명인, 「영랑 김윤식 연구」, 고려대, 1978.
김지경, 「영랑 김윤식 연구」, 동아대교육대학원, 1980.
윤호병, 「영랑시 연구」, 서울대, 1981.
공석하, 「김영랑론」, 연세대교육대학원, 1982.
최현자, 「영랑 김윤식시의 한국적인 미의식에 관한 연구」, 경희대교육대학원,
　　　1982.
김선굉, 「김영랑시연구-작품구조와 그 변화양상을 중심으로」, 영남대, 1983.
박해수, 「시문학동인과 그의 시의 특질연구」, 영남대교육대학원, 1983.
서범석, 「김영랑시에 나타난 물의 이미지-G. Bachelard의 상상력 이론에 의한
　　　분석」, 건국대, 1983.
신은경, 「김영랑과 김광균시를 통해 본 1930년대 시의 두 방향」, 한국정신문화연
　　　구원부설 한국학대학원, 1983.
이해란, 「김영랑시연구-현대적 특징을 중심으로-」, 서울여대, 1983.
홍영숙, 「1930년대 한국시 시론에 나타난 전통성 연구」, 강원대, 1983.
홍인표, 「김영랑론」, 연세대, 1983.
김성환, 「김영랑시연구」, 국민대교육대학원, 1984.
남종현, 「영랑시연구-영랑시에 미친 P. Verlaine의 영향」, 동국대교육대학원, 1985.
남효발, 「김영랑 시세계」, 명지대, 1985.
이상구, 「영랑의 시세계 연구」, 경남대, 1985.
정재원, 「영랑 사행시의 음악성 고찰」, 경북대, 1985.
홍정기, 「김영랑시연구」, 인하대교육대학원, 1985.

김선태, 「영랑시에 나타난 남도적 특성 연구」, 중앙대, 1986.

이영우, 「김영랑시의 지수적 특성연구」, 전남대교육대학원, 1986.

이용식, 「영랑시연구」, 전남대교육대학원, 1986.

윤홍렬, 「영랑시연구」, 경남대, 1988.

조근현, 「김영랑론」, 조선대교육대학원, 1989.

최명길, 「영랑시에 나타난 '마음' 연구」, 경희대교육대학원, 1989.

김영미, 「한국 현대시의 어조 연구」, 이화여대, 1993.

3. 일반논문 및 단평

박용철, 「고귀한 감정과 표현의 능력」, 『시문학』 창간호, 1930.

이하윤, 「1930년중의 문단」, 『별건곤』 5권 11호, 1930. 12.

이하윤, 「경오문예계총관」, 『신민』, 1931. 1.

박용철, 「1931년 시단의 회고와 비판(2)」, 『민중일보』, 1931. 12. 9.

윤곤강, 「병자시단의 회고와 전망」, 『비판』 6권 1·2합병호, 1936. 2.

이원조, 「영랑시집」, 『조선일보』, 1936. 5. 14.

박용철, 「시단의 일년의 성과」, 『조광』 14호, 1936. 12.

정지용, 「시와 감상-영랑과 그의 시」, 『여성』 3권 8·9호, 1938. 8·9.

서정주, 「조선의 현대시-그 회고와 전망」, 『문예』 2권 2호, 1949. 1.

서정주, 『영랑시선』의 발사, 중앙문화사, 1949. 10.

박종화, 「언어의 미적 창조-시인 "영랑"께-고언」, 『서울신문』, 1949. 11. 15.

조연현, 「문화계 일년의 회고와 전망-문학계의 일년」, 『신천지』 5권 1호, 1950. 1.

서정주, 「영랑의 서정시」, 『문예』 2권 3호, 1950. 3.

이헌구, 「새해에 생각나는 사람들-"김윤식 형"」, 『신천지』, 1954. 1.

김광섭, 「영랑 김윤식형을 추모함-그의 이장에 제하여」, 『경향신문』, 1954. 11. 14.

김광섭, 「모란이 피기까지는-시인 영랑 묘 이장하는 날」, 『연합신문』, 1954. 11. 21.

김광섭, 「영랑과 우정과 시심」, 『서울신문』, 1956. 3. 7.

이헌구, 「김영랑 평전-멋에 철한 시인」, 『자유문학』 창간호, 1956. 6.

엄경은, 「시의 정서와 운율-김영랑의 시에 있어서-」, 이화여대 『이화』 11호, 1956. 10. 1.

정태용, 「김영랑론-현대시인연구(10)」, 『현대문학』 4권 6호, 1958. 6.

이하윤, 「영랑과 나의 교우」, 『자유문학』 3권 9호, 1958. 9.

이헌구, 「영랑의 추억」, 『영랑시집』, 박영사, 1959.

백철 편, 『한국시인전집』, 5권 해설, 신구문화사, 1959.

세계일보, 「흘러간 예술인과 그 후예들-김영랑, 즐기시던 모란 가꾸며」, 1959. 10. 1.

김상일, 「김영랑 또는 비굴의 형이상학」, 『현대문학』 8권 4호, 1962. 4.

서정주, 「영랑의 일」, 『현대문학』 8권 12호, 1962. 12.

정한모, 「조밀한 서정의 탄주-김영랑론」, 『문학춘추』 9호, 1964. 12.

송영목, 「한국시 분석의 가능성-특히 김영랑시 분석을 중심으로」, 『현대문학』 12권 2호, 1966. 2.

김은전, 「한국기교시인론-김영랑의 음악성」, 전주교대논문집 1집, 1966. 2.

이동주, 「김영랑(실명소설)」, 『현대문학』 13권 3호, 1967. 3.

조지훈, 「현대시계보」, 『월간문학』 창간호, 1968.

김용직, 「시문학파연구」, 서강대인문과학연구논문집 2집, 1969.

김우정, 「한국시인론-김영랑론」, 『현대문학』 15권 7호, 1969. 7.

김우정, 「김영랑을 위한 노오트」, 『현대시학』 1권 6호, 1969. 9.

박두진, 「김영랑의 시」, 『한국현대시론』, 일조각, 1970.

박두진, 「겨레에 바친 시들(15)-김영랑의 시」, 『기독교사상』 14권 1호, 1970. 1.

장만영, 「모란이 피기까지는」, 『월간문학』 3권 6호, 1970. 6.

김용성, 「문학사탐방(12), 모란이 피기까지는-김영랑」, 『한국일보』, 1971. 1. 7.

김재홍, 「한국현대시의 방법론적 연구-Metaphorical Approach」, 서울대 대학원 논문집, 1972.

김용성, 「김윤식」, 『한국현대문학사탐방』, 국민서관, 1973.

김해성, 「김영랑론」, 『한국현대시인론』, 진명문화사, 1973.

이성교, 「김영랑연구」, 성신여대 인문과학연구소 연구논문집 6집, 1973.

김용직, 『한국현대시연구』, 일지사, 1974.

오하근, 「역설의 미학-<모란이 피기까지는>의 운율과 구조」, 『한국언어문학』 12집, 1974.

박희진, 「사행시에 관하여」, 『심상』 7호, 1974. 5.

정한모, 「네 사람의 작품세계-영랑·석정·이산 및 용호의 시-시를 어떻게 읽을 것인가」, 『심상』 7호, 1974. 5.

김용직, 「남도가락의 순수열정-김영랑의 시어」, 『문학사상』 22호, 1974. 7.

김상일, 「영랑시와 그 교환의 구조-김영랑의 시구조」, 『문학사상』 24호, 1974. 9.

정한모, 「서정주의의 한 극치-김영랑의 시문학사적 위치」, 『문학사상』 24호, 1974. 9.

남형원, 「새 자료로 본 영랑의 세계」, 『문학사상』 24호, 1974. 9.

이명자, 「새 조사 영랑의 작품목록」, 『문학사상』 24호, 1974. 9.

김선영, 「김영랑의 시세계」, 『현대문학』 24호, 1974. 9.

강우식, 「김영랑의 사행시-형태와 운율을 중심으로」, 『심상』 14호, 1974. 12.

김윤식, 「영랑론의 행방」, 『심상』 14호, 1974. 12.

박요순, 「영랑시의 서정」, 『심상』 14호, 1974. 12.

이성교, 「정서의 극치 시의 행간에 대해서」, 『심상』 14호, 1974. 12.

김용성, 「영랑 김윤식의 생애」, 『모란이 피기까지는』 삼중당문고 권101, 1975.

문덕수, 「김영랑 시의 두 가지 양상」, 『모란이 피기까지는』 삼중당문고 권101, 1975.

정순영, 「김영랑론」, 중앙대 국어국문학회 어문논집, 1975. 2.

전재수, 「개편고등국어교과서의 현대시 해설」, 『시문학』, 1975. 8.

김용섭, 「김영랑시연구-『영랑시집』을 중심으로」, 삼척공전논문집 9집, 1976.

김해성, 「영랑의 시세계」, 『한국현대문학개설』 을유문고 권220, 1976.

정태용, 「김영랑론」, 『한국현대시인연구』, 어문각, 1976.

김남석, 「김영랑-모란에 꽃핀 원색의 비애」, 『한국시인론』, 서음출판사, 1977.

김학동, 「영랑 김윤식론」, 『한국현대시인연구』 민음사, 1977.

김홍규, 「영랑의 시와 세계인식」, 『세계의문학』, 1977년 가을호.

신동욱, 「김영랑의 슬픔과 시」, 『현상과 인식』 4호, 1977. 12.

강희근, 「김영랑시연구」, 『배달말』 3호, 1978.

김종철, 「김영랑과 김광균」, 『시와 역사적 상상력』, 문학과지성사, 1978.

조용란, 「김영랑론」, 『새국어교육』 27·28합병호, 1978.

남형원, 「김영랑의 시와 수필」, 『문학사상』 70호, 1978. 7.

문학사상자료조사실, 「영랑의 미정리 시·산문 17편」, 『문학사상』 70호, 1978. 7.

이명자, 「평가·영랑문학의 이해에 큰 도움」, 『문학사상』 70호, 1978. 7.

김학동, 「촉기와 정감적 구경－영랑시선」, 『심상』 62호, 1978. 11.

서준섭, 「김영랑에 대한 비교문학적 고찰－P. 베를렌의 영향을 중심으로」, 『어문
　　　교육』 33호, 1978. 12.

김용직, 「순수와 향토정조-김영랑론」, 『전형기의 한국문예비평』, 열화당, 1979.

채만묵, 「시문학파연구」, 『국어문학』 제20집, 전북대국어국문학과, 1979.

주전이, 「영랑선생과 강진」, 『모란촌』 동인지 제7호, 1979. 11.

김준오, 「고통과 자기애적 상상력－영랑시의 자아」, 『부산대문리대논문집』 18집
　　　(인문사회과학편), 1979. 12.

박철석, 「김영랑론」, 『현대시학』, 1979. 12.

김홍규, 「영랑의 시와 세계인식」, 『문학과 역사적 인간』, 창작과비평사, 1980.

박철희, 「한국현대시와 그 서구적 잔영」, 『한국시사연구』, 일조각, 1980.

이기반, 「한국현대시의 향토적 정서에 관한 연구」, 『전주대논문집』 9집, 1980.

조병춘, 「김윤식의 시」 『한국현대시사』, 집문당, 1980.

박철석, 「한국시와 이미－만해·소월·상화·영랑의 경우」, 『시문학』 10권 4호,
　　　1980. 4.

이성교, 「한국 현대시에 나타난 향토색 연구」, 『성신연구논문집』, 성신여대, 1980.
　　　12.

김학동, 『김영랑 전집·평전』, 문학세계사, 1981.

김　현, 「찬란한 슬픔의 봄－김영랑·박용철·김현구」, 『한국현대시문학대계 7』,
　　　지식산업사, 1981.

서우석, 「김영랑, 전통운율의 변주효과」, 『시와 리듬』, 문학과 지성사, 1981.

양왕용, 「모란이 피기까지는」, 『한국현대시 작품론』, 문장사, 1981.

이기반, 「영랑 김윤식 연구」, 『한국언어문학』 제19집, 1981.

조재훈, 「김영랑의 <除夜>」, 『한국현대시작품론』, 문장사, 1981.

주일홍, 「김윤식 소고」, 『국어교육논총』 창간호, 연세대 교육대학원, 1981.

홍희표, 「김영랑연구」, 『목원대 논문집』 4집, 1981. 2.

홍희표, 「촉기의 공간, 김영랑론」, 『현대문학』 27권 5호, 1981. 5.

김종철, 「1930년대 시인들-김영랑과 김광균」, 『한국근대문학사론』 임형택/최원
     식 편, 한길사, 1982.

김준오, 「김영랑과 순수·유미의 자아」, 『한국현대시사연구』, 정한모박사화갑기념
     논총, 일지사, 1982.

손광은, 「영랑시에 나타난 향토성 연구」, 『호남문화연구』 제12집, 1982.

강은교, 「김영랑론」, 『연세어문학』, 연세대 국어국문학과, 1982. 6.

김영석, 「실향과 시간의 단절-김영랑의 시세계」, 『경희어문학』 제5집, 경희대 국
     어국문학과, 1982. 7.

이인복, 「김영랑의 <모란이 피기까지는>」, 『숙대신보』, 1982. 9. 9.

고 영, 「김영랑론(상)」, 『시문학』 12권 12호, 1982. 12.

서기남, 「시문학과 연구」, 『국어교육논총』 제2집, 조선대 교육대학원, 1982. 12.

유연석, 「김윤식시 연구」, 『국어국문학』 제4집, 조선대 문리대 국어국문학과 논문
     집, 1982. 12.

이인복, 「<모란이 피기까지는>의 구조적 분석」, 『한국대표시평설』, 문학세계사,
     1983.

고 영, 「김영랑론(하)」, 『시문학』 13권 1호, 1983. 1.

박후식, 「모란의 시인 김영랑」, 『교육전남』 57호, 1983. 6.

차부진, 「강진사람 김윤식」, 『금호문화』, 1983. 7·8월호.

한옥근, 「영랑과 향토문학」, 『금호문화』, 1983. 7·8월호.

김용섭, 「김영랑 시 연구(2)-베를레느의 시와 비교학적 입장에서」, 『삼척공전
     논문집』 1권, 1983. 8.

주전이, 「영랑전기(1), <모란이 피기까지는>-시인 영랑 김윤식」, 『모란촌』 동인지 제10호, 1983. 10.

홍희표, 「김영랑연구」, 『국문학자료논문집-현대문학편』, 국학자료간행위원회, 1983. 10.

김대행, 『한국시의 전통연구』, 개문사, 1984.

김 종, 「영랑시의 저항문학적 위상」, 『식민지시대의 시인연구』, 시인사, 1984.

김 종, 「영랑시의 저항문학적 위상」, 조선대학교 국어국문학 제6집, 1984.

박철석, 「김영랑론」, 『한국현대시인론』, 학문사, 1984.

이성교, 「한국현대시의 발달과정」, 『인문과학연구』 제4집, 성신여대 인문과학연구소, 1984.

이용훈, 「영랑시의 전통성-시형과 율격을 중심으로」, 『한국해양대 논문집』 19집, 1984.

정은임, 「김영랑시의 형식론적 연구」, 『민족사상』 4호, 한성대 민족사상연구회, 1984.

허형만, 「영랑의 시와 남도의 미」, 『목포문학』 제7호, 목포문인협회, 1984.

김춘섭, 「영랑의 시사적 위치」, 『금호문화』, 1984. 7·8월호.

정현종, 「영랑-찬란한 슬픔의 세계」, 『금호문화』, 1984, 7·8호.

주전이, 「영랑전기(2)」, 『모란촌』 동인지 제11호, 1984. 11.

정숙희, 「영랑시집 판본연구」, 『관악어문연구』 제9집, 서울대 국어국문학과, 1984. 12.

정효구, 「영랑시의 서정시적 특질 재고」, 『관악어문연구』 제9집, 서울대 국어국문학과, 1984. 12.

최희연, 「김영랑시 연구」, 『연세어문학』, 연세대 국어국문학과, 1984. 12.

강희근, 「김영랑시연구」, 『우리시문학연구』, 예지각, 1985.

김우종, 「찬란한 슬픔의 의미 (해설)」, 『김영랑시집』, 범우사, 1985.

안동주, 「시문학파의 시어 고찰」, 『호남대학논문집』 제5집, 1985.

오세영, 「시문학지와 순수시파」, 『국문학논집』 제12집, 단국대 국문학과, 1985. 3.

이용훈, 「영랑시의 전통성 2-내용적인 면에서」, 『한국해양대 논문집 2』, 1985. 5.

강순식, 「농촌문학 명작속의 내고장(9)-김영랑의 <모란이 피기까지는>」, 『농민신문』, 1985. 5. 18.

김명인, 「정지용과 김영랑의 시어」, 경기대 국어국문학회, 1985. 8.

김재홍, 「예술시의 한 선구자 영랑」, 『소설문학』 11권 9호, 1985. 9.

유윤식, 「영랑 김윤식론-『영랑시집』을 중심으로」, 『한양어문연구』 제3집, 1985. 10.

주전이, 「영랑전기(3)」, 『모란촌』 동인지 제12호, 1985. 11.

김재홍, 「한국현대시약사」, 『한국문학개관』, 어문각, 1986.

이현기, 「신문학 80년의 개관」, 『한국문학개관』, 어문각, 1986.

주전이, 「영랑전기(4)」, 『모란촌』 동인지 제13호, 1986.

이숭원, 「김영랑론」, 『한국문학』, 1986. 4.

정숙희, 「영랑문학사비판-영랑문학론서설」, 『국어국문학』 95호, 1986. 5.

김재홍, 「영랑 김윤식-예술시의 한 연구자」, 『한국현대시인연구』, 일지사, 1986. 9.

김옥순, 「시문학사에 획기적 전기 마련-김영랑연구사 개관」, 『문학사상』, 1986. 10.

김재홍, 「생의 양면성 또는 존재론의 시」, 『문학사상』, 1986. 10.

김학동, 「"마음" "죽음" "참여"의 시적 행적」, 『문학사상』, 1986. 10.

이숭원, 「순결성에 바탕을 둔 시간인식-대표시 <除夜> 구조분석」, 『문학사상』, 1986. 10.

이승훈, 「김영랑 대표시 29편 이렇게 읽는다」, 『문학사상』, 1986. 10.

김 훈, 「김영랑론」, 『어문연구』, 1986. 12.

주전이, 「영랑전기(5)」, 『모란촌』 동인지 제14호, 1987.

조홍숙, 「김영랑시의 특성 고찰」, 『조선대 교육대학원 교육논총』, 1987. 2.

박홍원, 「시인의 고향순례(9)」, 『죽순』 동인지 제21집, 1987. 9.

박덕은, 「김영랑론」, 『한국현대시인연구』, 신아출판사, 1988.

주전이, 「영랑전기(6)」, 『모란촌』 동인지 제15호, 1988.

주전이, 「영랑전기(7)」, 『모란촌』 동인지 제16호, 1988. 11.

유윤식, 「시문학파연구」, 『한양어문연구』 제6집, 한양어문연구회, 1988. 12.

정창범, 「김영랑의 시세계」, 『동양문학』 제 6호, 1988. 12.

오세영, 「『시문학』지와 순수시파」, 『20세기 한국시연구』, 새문사, 1989.

정상균, 「김윤식·박용철론」, 『문학한글』 제3호, 한글학회 1989.

이숭원, 「김영랑 <독을 차고>」, 『한국현대시작품연구』, 한국시문학회 편, 학문사, 1989. 1.

조창환, 「김영랑 <가늘한 내음>」, 『한국현대시작품연구』, 한국시문학회 편, 학문사, 1989. 1.

김정화, 「김영랑론」, 『한국현대시인연구』, 태학사, 1989. 8.

박홍원, 「명시의 고향을 찾아서」, 『모란촌』 동인지 제16호, 1989. 11.

김준오, 「김영랑론」, 『작가·작품론(Ⅰ)시』, 문학과비평사, 1990.

김해성, 「김영랑론-사행시에 맺힌 슬픔고」, 『현대시인연구』, 진명출판사, 1990.

양병호, 「김영랑시의 리듬 연구」, 『한국언어문학』 제28집, 한국언어문학회, 1990. 5.

정연길, 「시문학고」, 『한성대논문집』 제14호, 1990.

최병준, 「30년대 한국시」, 『강남대논문집』 제20집, 1990.

이기반, 「김영랑론」, 『한국현대시인연구』, 한국문학평론가협회편, 백문사, 1991.

이숭원, 「순결성의 미학(해설)」, 『모란이 피기까지는』, 미래사, 1991.

진창영, 「김영랑론-모더니티를 중심으로」, 『실상문학』 제8호, 1991 겨울호.

양병호, 「"모란이 피기까지는"의 인지의미론적 연구」, 『현대문학이론연구』 3집, 한국현대문학이론연구회, 1993.

서정주, 「영랑의 회상」, 『문학사상』, 1995. 9.

신범순, 「모란의 풍류와 향기」, 『문학사상』, 1995. 9.

이향아, 「영랑 김윤식론」, 『한국현대시인론』, 보고사, 1996.

양병호 :

전북대학교 인문대학 국어국문학과 졸업.

동 대학 대학원 졸업, 문학박사.

현 전북대학교 인문대학 국어국문학과 교수.

역서 : 『시와 인지』(공역)

논문 : 「영랑시 연구」, 「'알ㅅ수업서요'의 인지의미론적 연구」등

시집 : 『그러나 짜라투스트라는 이렇게 말했다』

오매 단풍들것네

원본 金永郎 전집

	1997년 1월 20일 인쇄
	1997년 1월 31일 발행
편 저 자	양병호
발 행 인	김진수
발 행 처	한국문화사
	133-112 서울시 성동구 성수 1가 2동 13-156
	전화 464-7708, 3409-4488
	팩스 499-0846
등록번호	제2-1276호

값8,000원

ISBN 89-7735-362-9